本书为国家自然科学基金青年项目（72102154）
"中国企业跨国并购整合过程中的资源协同机制研究：基于合法性建构的视角"的阶段性研究成果

新发展格局下中国企业国际化与创新发展战略

——负责任的海外投资与合法性建构

The Internationalization and
Innovation Development Strategy of Chinese Enterprises under
the New Development Pattern:

Responsible Overseas Investment and Legitimacy Construction

孙为政 ◎ 著

经济管理出版社
ECONOMY & MANAGEMENT PUBLISHING HOUSE

图书在版编目（CIP）数据

新发展格局下中国企业国际化与创新发展战略 ：负责任的海外投资与合法性建构 ／ 孙为政著. -- 北京 ：经济管理出版社，2024. -- ISBN 978-7-5096-9800-6

Ⅰ. F279.23

中国国家版本馆 CIP 数据核字第 20248PC966 号

组稿编辑：范美琴
责任编辑：任爱清
责任印制：许　艳
责任校对：陈　颖

出版发行：经济管理出版社
　　　　　（北京市海淀区北蜂窝 8 号中雅大厦 A 座 11 层　100038）
网　　　址：www. E-mp. com. cn
电　　　话：（010）51915602
印　　　刷：唐山玺诚印务有限公司
经　　　销：新华书店
开　　　本：720mm×1000mm/16
印　　　张：11
字　　　数：198 千字
版　　　次：2024 年 8 月第 1 版　　2024 年 8 月第 1 次印刷
书　　　号：ISBN 978-7-5096-9800-6
定　　　价：88.00 元

前　言

党的二十大报告指出，"十年来，我国成为 140 多个国家和地区的主要贸易伙伴，货物贸易总额居世界第一，吸引外资和对外投资居世界前列，形成更大范围、更宽领域、更深层次对外开放格局"。并提出我国将加快构建新发展格局，着力推动高质量发展，持续提升贸易投资合作质量和水平。跨国企业数量持续增加，对外投资合作量质齐升，为加快建设贸易强国、服务构建新发展格局、推动构建人类命运共同体等发挥了重要作用。

随着新兴市场国际化浪潮的兴起，"一带一路"倡议成为新时代我国企业"走出去"的重要指引，跨国扩张已成为后发企业用以突破创新瓶颈的"跳板"，中国政府大力推动国内企业"走出去"参与全球竞争，越来越多的中国企业开始布局海外市场。然而，由母国和东道国间的制度距离所引发的合法性缺失会阻碍中国企业的国际化过程，导致其无法达到预期的创新追赶效果。中国跨国企业在海外投资过程中面临诸多挑战（例如，环境保护、社区关系、当地政府支持、劳工保护、法律遵守与合规经营等）而危及中国企业与众多利益相关者的关系及合法性，从而威胁中国企业国际化的可持续发展。随着全球 ESG 理念的发展，负责任的海外投资或成为推动 OFDI 的新型竞争优势。

制度理论视角下的新兴市场国际化研究成为当前国际商务领域关注的焦点。本书试图基于制度理论，采用归纳与演绎、定性与定量相结合的方法，研究基于中国情境下的国际化战略与创新。具体体现在以下四个方面：①母国制度环境约束下的国际化战略与本土创新；②跨国公司海外子公司合法性与创新资源获取；③跨国公司母公司并购合法性与创新资源获取；④ESG 理念下负责任的海外投资与合法性建构。本书得出以下四个主要结论：

第一，政府政策是中国企业发起国际化浪潮的重要推手，而中国独特的制度环境又会直接影响到企业国际化的过程及结果。首先，本书从宏观层面针对母国制度环境对国际化与创新关系的影响进行实证研究，发现贸易出口和对外直接投资均能有效促进我国本土创新的提升。其次，在对外投资方面，相较于发展中国家，我国本土创新能力提升的驱动主要源于向发达国家投资过程中获取的技术创新资源的溢出效益。而母国市场制度自由化水平在上述外向国际化与本土创新提升关系中具有正向的调节效应。

第二，针对面临"外来者劣势"的跨国公司海外子公司，本书发现其内、外部合法性水平能够正向促进其对东道国创新资源的获取。而海外子公司可以通过构建其在跨国公司内部以及在东道国的社会资本来提高其内、外部合法性水平。而母国与东道国间的制度落差在外部社会资本与海外子公司外部合法性关系间会具有一定的调节作用，当面临制度顺差时，外部社会资本对跨国公司海外子公司外部合法性的正效应增强；当面临制度逆差时，外部社会资本对跨国公司海外子公司外部合法性的正效应减弱。

第三，针对面临"来源国劣势"的跨国公司母公司，本书发现其并购合法性同样正向促进其海外创新资源的获取。进一步研究发现，在中国跨国公司实施逆向跨国并购的过程中，其内、外部合法性的重要程度是动态变化的。在并购前和并购过程中，在母国和东道国获得外部合法性更为重要；而在并购的后期，在东道国获取和维持其内部合法性更为重要。本书的研究结果有助于更全面地理解在收购方（来自新兴市场）的合法性低于被收购方（来自发达国家）的困境下，合法性在跨境并购中的作用。

第四，作为新兴市场国家，国内市场环境的相对不成熟是企业国际化重要的制度性诱因。具有 ESG 优势的企业更有能力满足东道国的诉求，建立更符合当地规范和认知尤其是 ESG 要求的海外子公司。企业主动披露 ESG 信息，可以使当地市场通过母公司的 ESG 表现推断子公司潜在的社会特征，这不仅会改善子公司的信息不对称问题，还能向东道国传递履行社会责任的积极信号，进而有助于转变东道国对企业的刻板印象，克服因外来者身份和 ESG 差异所产生的劣势。

本书通过考察中国跨国公司海外扩张的合法性建构过程，扩展了关于外国公司在华竞争的合法建设过程的早期工作（Tsang，1996；Ahlstrom 等，2008）。制度理论强调合法性对组织发展的重要性，理解合法性的多面性和变化性的本质能够加强我们对中国企业跨国并购成功因素的理解（Drori 和 Honing，2013）。在基于跨国公司母公司视角下的并购合法性研究中，为了更好地理解合法性在促进或阻碍跨国并购过程中的作用，本书将跨国并购活动的整体过程划分为三个阶段，即并购前、并购过程中和并购后期。本书的研究结果强调了内部和外部合法性在跨国并购过程中不同阶段中的相对重要性的变化。综上所述，我们希望来自新兴经济体的公司在收购来自发达经济体的公司时能够承认它们可能面临的合法性赤字。积极发展合法性是一项复杂而持续的任务，它具有多个随时间变化的角度（如内部和外部）。那些主动管理与外部和内部利益相关者组织合法性的公司更有可能取得成功的跨国并购结果，而获得较高的合法性水平也有助于跨国公司海外创新资源的获取。

新兴市场的后发企业将国际化视为帮助其获取海外创新资源以提高本土创新能力的"跳板"。从国家政府层面到企业个体层面，都在大力推动其国际化发展的进程，甚至采取跨越式发展模式以获得海外优质的创新资源。然而在利用国际化"跳板"推动本土企业创新追赶的实践过程中，跨国企业所面临的诸如政府干预、合法性危机等外部制度环境因素会直接影响到其利用国际化实现技术升级和创新赶超的效果。本书聚焦于中国情境，引入 ESG 概念，从中国跨国企业和制度环境的视角对合法性在国际化战略与后发者创新追赶过程中的影响进行了研究和探讨，鉴于中国企业是并购发达经济体企业中最活跃的新兴经济体跨国公司（McCarthy 等，2016），本书的调查结果具有一定程度上的普适性。随着我国对外开放战略重点逐渐从"引进来"向"走出去"转移，本土企业依靠国家政策的鼓励和推动实现了跨越式发展，但大部分企业仍处于国际化发展的初始阶段。由于缺乏对东道国环境的认知以及相关国际化经验，我国跨国企业很容易掉入国际化陷阱。在企业国际化进程中，我国涌现出来的鲜活案例为研究我国企业对外投资、跨国治理、企业创新能力跃升机制等问题提供了丰富的研究土壤，而理论创新又为我国企业国际化实践的开展提供了有益的指导。针对我国企业国际化行为的独特性，结合实证数据与具体案例对比与分析，帮助企业识别国际化环境和制度差异、选择合适的投资东道国、展开有效的跨国并购、提高其在东道国的合法性水平、实现技术的获取与转移、提升企业创新能力。借助"一带一路"倡议的积极推进，中国企业对外投资迎来了新一轮的热潮。目前，我国企业的国际化活动不仅包括设立海外贸易公司从事出口贸易活动，而且开始逐渐融入东道国创新网络，进行绿地投资或风险更高的跨国并购活动，从而实现技术创新程度更高的高科技行业的投资。然而，在中国企业"走出去"的过程中，同样也面临着更多的挑战，我国相关政府部门如何有效发挥作用是当前的一个现实问题，急需针对实践中的问题进行系统性研究。

本书通过理论与实践相结合，探索制度环境差异在国际化战略与创新中作用的内在规律，以帮助政府部门意识到区域制度环境在企业利用国际化"跳板"实现创新追赶过程中的作用。

本书的撰写充分融合并体现了集体智慧的结晶，多位硕士生参与了本书的撰写和统稿，对本书的顺利出版做出了重要贡献。其中，寇美新独立撰写了本书第一章、第二章，杨焱红独立撰写了本书第六章、第七章。当然，本书难免存在局限和不足之处，请诸位同行批评指正。希望本书能够为推动该领域的研究提供一些参考。

孙为政

2024 年 4 月于北京

目　录

第一章　新发展阶段中国企业面对的国际化环境

2020 年 10 月 29 日，习近平主席在中共十九届五中全会第二次全体会议上的讲话指出，新发展阶段就是全面建设社会主义现代化国家、向第二个百年奋斗目标进军的阶段。进入新发展阶段，是中华民族伟大复兴历史进程的大跨越。构建以国内大循环为主体、国内国际双循环相互促进的新发展格局，是根据我国发展阶段、环境、条件变化，特别是基于我国比较优势变化，审时度势作出的重大决策，是事关全局的系统性、深层次变革，是立足当前、着眼长远的战略谋划。在新发展阶段重要时期，时值世界百年未有之大变局，国际力量对比深刻调整，三年疫情影响深远，逆全球化思潮抬头，单边主义、保护主义上升，世界经济复苏乏力，局部冲突和动荡频发，世界进入新的动荡变革期。同时，和平、发展、合作、共赢的历史潮流不可阻挡，经济全球化不可逆转。党的二十大报告指出："我国发展进入战略机遇和风险挑战并存、不确定难预料因素增多的时期，各种'黑天鹅''灰犀牛'事件随时可能发生。我们必须增强忧患意识，坚持底线思维，做到居安思危、未雨绸缪，准备经受风高浪急甚至惊涛骇浪的重大考验。"由此可见，以全球化视角来看待与分析国际环境的变化及形势，对于准确把握中国当下甚至未来长期的发展至关重要。

第一节　全球经济艰难复苏

在过去几年内，世界发生诸多重大变化，全球经济遭受一系列危机交织叠加的冲击，全球经济形势正经历动荡变革期。根据国际货币基金组织（International

Monetary Fund，IMF）于 2023 年 10 月最新发布的《世界经济展望》报告预测，全球经济增速将从 2022 年的 3.5%放缓至 2024 年的 2.9%，相较于 IMF 于 2023年 7 月对 2024 年做出的预测值下调了 0.1 个百分点，且远低于 3.8%的历史平均水平（2000~2019 年）。通胀涉及全球几乎所有发达经济体以及大多数新兴市场。全球经济增速放缓给世界各主要经济领域造成重大影响。从需求端来看，全球贸易活动持续放缓，需求不足导致全球货物贸易数量和金额齐跌；从供给端来看，主要行业活动逐步萎缩，制造业、服务业快速收缩；从金融市场来看，国际金融市场深度调整，市场避险情绪强烈，全球股票市场低迷；从商品市场来看，国际大宗商品价格冲高回落。

尽管受到地缘经济割裂、全球货币政策环境收紧、能源和粮食市场扰动等事件影响，全球经济有所放缓，但其并未陷入停滞。目前，新冠疫情导致的供应链危机虽然已经基本解除，但消费者的消费重心从商品转移到服务业、发达经济体不断快速加息引发的信贷紧缩以及地缘政治的博弈持续等因素，导致需求萎缩并对经济复苏产生严重影响。IMF 表示，全球经济复苏步伐正在放缓，各经济领域以及各地区之间的差距不断扩大，一些主要经济体预计世界经济仍将面临持久挑战。

就目前而言，全球经济形势面临四大危机：①高通胀压力持续存在。由于劳动力市场紧张、部分国家超额储蓄充足、不利的能源价格形势，通胀可能会变得更加顽固。②政策紧缩导致市场持续收紧。为应对高通胀压力，2022 年以来全球主要中央银行普遍转向紧缩货币政策，出台加息政策，国际资本市场金融条件的收紧，加剧了许多发展中国家的国际收支和债务脆弱性，根据 IMF 于 2023 年发布的《财政监测报告》，诸多国家的债务水平高企、融资成本上升、经济增速放缓，国家日益增长的需求与可用财政资源之间的不匹配问题日益加剧。③新兴经济体经济复苏仍显脆弱。根据 IMF 于 2023 年发布的《全球金融稳定报告》，诸多国家的金融环境有所宽松，而大幅重新定价可能产生风险，尤其是对于新兴市场而言，这将导致美元进一步升值，引发资本外流，增加借贷成本并加剧债务困境。④全球分化日益扩大。鉴于当下逆全球化思潮迭起，如果地缘经济持续割裂，那么地缘政治紧张局势再次加剧，大宗商品价格的波动可能会随之进一步大幅上升，这将在未来对降低通胀的策略构成重大的宏观经济风险。

简而言之，由于高通胀和高利率冲击全球经济活动，强紧缩货币政策对全球经济的影响逐步显现。虽然主要经济体经济表现出一定韧性，通胀率在未来预期有所下降，但是全球经济仍存在很大的不确定性、不均衡性、不可持续性。

第二节　逆全球化思潮迭起

经济全球化描述的是劳动、资本、技术等生产要素在全球范围内自由流动和重新配置的状态，其产生的技术溢出效应及资源配置效应成为推动世界经济增长的动力源泉。然而，经济全球化进程始终伴随各种质疑及反对。随着世界经济格局和国际秩序正在发生的历史性变革，全球化也将进入调整期。以2007年美国"次贷危机"为标志，世界经济进程明显放缓，国际贸易和投资遭受重大冲击，"逆全球化"进入大众视线。

"十四五"规划中明确指出："当今世界正经历百年未有之大变局，新一轮科技革命和产业变革深入发展，国际力量对比深刻调整，和平与发展仍然是时代主题，人类命运共同体理念深入人心，同时国际环境日趋复杂，不稳定性、不确定性明显增加，经济全球化遭遇逆流，世界进入动荡变革期，单边主义、保护主义、霸权主义对世界和平与发展构成威胁。"当今世界经济与政治正处于发展与变革的重大时期，经济全球化的发展进程正遭遇逆全球化的现实冲击。逆全球化思潮持续影响着国际环境，对于经济全球化这一必然趋势造成了极大的威胁。

在世界格局大调整的时代背景下，逆全球化思潮急剧冲击着国际秩序和全球治理体系。

如今，在部分发展中国家，保护主义和民族中心主义等各种逆全球化行为也逐渐有不同程度的抬头，其对于经济发展有着不同层面的现实影响，具体表现在：一方面，逆全球化思潮迭起导致全球贸易增速放缓甚至降低，早在2020年之前，全球外商直接投资增速就已远低于历史水平。全球贸易增速放缓推动新一轮贸易保护主义、民粹主义的复兴，而全球以邻为壑的单边主义政策又将持续限制全球贸易增长，两者之间出现恶性循环。另一方面，经过30多年快速扩张的全球价值链增长由于逆全球化思潮迭起呈现停滞甚至回缩风险，部分发达国家在国际经济交往中寻求"利益优先"，扭曲了崇尚互利共赢的全球资源配置机制。地缘政治紧张局势引发地缘经济割裂呈上升之势，经济全球化逐渐向经济区域化演进，传统的区域间贸易和投资逐步向区域内转移。

当前迭起的逆全球化思潮对正常的国际经济和政治秩序带来了巨大冲击，加剧了国际经济运行的不确定性风险，也对中国跨国企业的海外投资产生了较大影响。但各国经济以全球价值链分工体系为基石，以微观企业的跨国经营活动为主体，早已形成了荣损与共的深度融合格局，这也决定了在全球性经济危机困境下各国政府应该采取同舟共济的理性合作态度，而不是实施以邻为壑、国别利益至上的单边主义政策。对于早已密切融入国际分工体系的中国而言，面对复杂多变的国际经济新形势，我国需要充分重视并学会防范逆全球化思潮的可能冲击与潜在风险，这对于今后我国经济的开放道路具有重大而又深远的现实意义。

第三节　全球跨境投资新趋势

受全球新冠疫情、全球气候变化、地缘政治危机、食品和能源价格高企以及政府债务压力等因素影响，世界格局和全球经济发生深刻变化，全球跨境投资呈现出新特点及发展趋势。主要体现在以下六个方面：

（1）随着 2023 年 5 月世界卫生组织宣布新冠疫情的紧急状态解除，意味着持续三年多的新冠疫情结束。但由于新冠疫情的影响，全球经济受到阻滞，对于跨境投资有一定程度的冲击，导致跨境投资难度变大，新冠疫情带来的世界格局和全球经济的变化还在持续。为缓解因新冠疫情带来的跨境投资的不利影响，各经济体相继发布对外投资相关政策，促进投资便利化的提升。从不同的经济体来看，发展中经济体更倾向于采取便利化和扩大开放措施以引导跨国公司进入，旨在吸引更多外资流入以推动经济的发展。

（2）随着气候变化成为人类面临的全球性问题，全球二氧化碳排放导致了温室气体猛增，对生命系统形成威胁。面对全球资源环境压力，全球绿色产业加速发展，越来越多的国家出台与绿色投资相关的政策措施，支持绿色产业发展。在此背景下，全球跨国公司纷纷在高新技术产业、绿色领域加大投资力度。联合国贸发会议《全球投资趋势监测报告》显示，2022 年全球前 10 大绿地投资项目中，有 6 个项目涉及可再生能源产业，这也说明在全球应对气候变化和资源短缺的问题上，跨国公司正在逐步加大对绿色低碳领域的投资力度，以期实现可持续发展。[1]

（3）地缘政治局势仍然紧张，近期金融领域的动荡增加了投资者的不确定性。全球跨境投资下行压力巨大，同时，发达国家和发展中国家的外国投资出现明显分化，南北发展不平衡问题进一步加剧。2024 年国际商业和跨境投资的全球环境仍然充满挑战。

（4）随着 Open AI 等人工智能技术的成熟，全球新一轮科技革命和产业变革持续加速，全球各经济体不断加快制度创新与技术创新的速度，推动产业结构的转型升级。联合国贸发会议《全球投资趋势监测报告》显示，2022 年全球前 10 大绿地投资项目中，有 3 个项目涉及芯片产业，这反映了在新一轮科技革命加速推进的背景下，为应对全球芯片短缺，跨国公司正在对芯片等高科技产业加速布局。[2] 以互联网、大数据、区块链、人工智能和实体经济深度融合为特征的产业数字化趋势正在重塑全球化的新形态，现代信息技术的进步和新冠肺炎疫情的冲击使线上交易、电子商务、远程医疗、在线娱乐等数字经济新模式和新业态蓬勃发展，并逐渐趋于常态化。

（5）为了响应全球对可持续发展的呼吁，高新、绿色投资成为国际投资"新风向"。当前的跨境投资越来越注重对环境的保护，跨国企业的绿色投资成为跨境投资成功的一个重要影响因素。随着经济的快速发展，社会的不断进步，日益激烈的竞争环境对企业提出更高要求，履行企业社会责任不再是一项可选题，已经成为企业生存和发展的必答题。

（6）随着国际供应链的逐渐恢复，新兴经济体对全球跨境直接投资的吸引力明显增强。与国际金融危机前的 2007 年相比，2021 年美国、欧元区、英国的外商直接投资降幅均超过 50%，而中国、印度尼西亚、越南等国的增长幅度均超过 50%。2022 年流入发达经济体的外资额为 3783.2 亿美元（见图 1-1），同比下降 29.2%。与此同时，发展中经济体吸收来自全球的跨境投资额达到 9164.2 亿美元，创纪录新高。2020 年全球前十大跨境投资目的地包括 6 个发达国家和 4 个发展中国家。

---

①② 资料来源：商务部发布的《中国对外投资合作发展报告（2022）》。

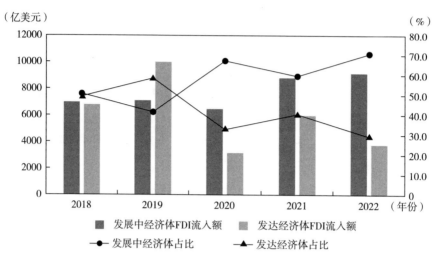

图 1-1 2018~2022 年发达经济体和发展中经济体 FDI 流入情况

资料来源：UNCTAD 数据库。

除此之外，发达国家的跨境投资流入量的规模波动较大，而发展中国家的流入量规模相对稳定，表现出较强的抵御危机能力。在吸引外资方面，发展中国家的经济增长更具活力，面对新冠肺炎疫情的冲击，以中国为代表的发展中国家将成为世界经济复苏和全球跨境投资反弹的主要动力。同时，发展中国家的自然资源和劳动力成本优势在短期内不会消失，其投资环境也在不断优化。总体来看，流入发达经济体的资金有所减少，流向发展中经济体的对外投资整体表现出更强韧性，但将受到高债务、主要经济体加息、能源价格高企和粮食安全等因素的负面影响。

此外，伴随逆全球化思潮，以区域化为特征的再全球化逐渐产生，由于全球化的整体性走弱，区域化或跨区域竞合格局逐渐形成，欧洲、东亚和北美渐渐发展形成三大经济圈。面对国际金融危机后贸易环境的持续恶化，以中国推动的人类命运共同体理念和"一带一路"倡议为标志，越来越多的国家开始依据地理因素和发展程度展开合作，助推区域全球化的合作进程。

总的来说，在环境的冲击、世界格局的变革、发展中国家经济的快速发展等众多因素的影响下，全球的跨境投资明显呈现出新的趋势，但同时未来的跨境投资还面临严峻的挑战。国际经济格局深刻调整，国际贸易和投资仍然是推动全球经济增长非常重要的力量。

第二章　新发展格局下中国企业国际化与创新发展：理论与困境

　　本章在相关概念界定的基础上，首先介绍了后发者创新追赶理论、中国企业国际化理论、制度理论和社会资本理论，通过对理论的系统归纳和总结，理解相关理论产生的背景；其次通过回顾国内、外在相关领域已发表文献的研究内容追溯该领域研究问题的演变及发展，掌握相关的研究方法和范式，梳理该领域的研究热点与前沿。最后通过对已有研究的评述，指出进一步研究的空间，为开展本书的研究问题奠定坚实的理论基础并提供广泛的文献支撑。

第一节　相关概念界定

一、中国情境

　　本书聚焦于中国情境，主要因为中国正经历由计划经济向市场经济转型的关键过渡期。作为典型的发展中国家，中国同时兼具新兴经济体和转型经济体的特征（Hoskisson 等，2000）。中国政府依然在经济中起着引导的作用，政府政策和市场化的竞争共同影响着经济的发展。在双重经济体制背景下，中国的市场制度环境在规制、规范和认知等方面都存在一定的独特性（North，1990；Scott，1995；魏江和赵齐禹，2019）。在规制方面，目前仍存在缺乏有效的产权保护制度、缺乏公平竞争的市场制度、缺乏对契约的法律效力以及政府对市场的干预等特点（苏敬勤等，2019）；在规范方面，由于中国几千年传承下来的文化特征，关系等非正式制度在经济活动中仍具有重要作用，国有经济在信息获取和资源分

配等方面仍比民营经济更具优势；在认知方面，主要表现为市场感知相对较弱、缺乏契约精神等特点（蔡莉和单标安，2013）。由上述我国制度层面的特点导致中国企业在国际化过程中会受到母国制度环境的约束并面临制度障碍难题（张化尧等，2018），进而引发相关合法性缺失的问题。

二、制度距离（institutional distance）与制度落差（legitimacy gap）

在制度理论中，制度距离是研究跨国企业国际化过程中一个广泛而重要的制度因素。本书主要基于制度理论视角探索中国企业国际化战略与创新。因此本书全篇围绕母国市场制度环境及其与东道国市场制度环境差异在后发企业通过国际化提升其创新能力及其获取海外创新资源过程中的影响。制度距离是一个用于衡量母国与东道国之间在规制（regulative）、规范（normative）和认知（cognitive）层面上所存在的差异性的概念（Kostova和Zaheer，1999）。制度距离重点分析了母国和东道国之间在制度上的差异程度（Scott，1995），然而不同国家之间不仅存在制度上的差异程度，还存在制度的成熟度、方向和质量上的差异（李康宏等，2017）。对于新兴经济体国家企业的国际化而言，制度差异的方向对跨国公司合法性的影响更为重要。不同国家的制度成熟度不同，即不同国家的制度环境，如法律制度和监管，在透明度、是否坚持明确的规则以及是否对所有公民普遍适用等方面均存在优劣差异（Child和Marinova，2014）。因此，不同国家（地区）制度上存在优劣，这样就形成了制度落差（Legitimacy gap）。当跨国公司母国的制度质量高于东道国时称为制度顺差，相反则称为制度逆差。

三、合法性（legitimacy）

合法性是制度理论的核心概念之一，广义上的合法性概念涉及广泛的社会领域，包括比法律、政治更广的范围，被认为是"一个由规范、价值观、信念和定义所建构的社会体系内，一个实体的行为被认为是合意的、正当的或合适的一般性感知或假设"（Suchman，1995）。关于合法性的研究，学者通常从不同角度和不同维度对其进行分类，例如，从制度理论的三支柱角度将其分为规制合法性、规范合法性和认知合法性（Scott，1995）；从宏观到微观的角度将其分为集体合法性和个体合法性（Bitektine和Haack，2015）；以及根据授予合法性来源的不同将其分为内部合法性和外部合法性（Drori和Honig，2013）等。制度理论认为，组织所处的场域中存在同构（Isomorphic）行为（DiMaggio 和 Powell，1983）。由于跨国企业身份的特殊性，需要同时面对内部和外部的双重同构压力（Peng 和 Luo，2000；Li，2005），对其获取海外创新资源具有重要的影响（Narula 和 Dunning，2000）。因此，跨国企业拥有获取合法性的强烈动机（Perrow，1961）。根据研究需要，本书从授予合法性来源角度将从内部合法性和外部合法性（Suchman，1995；Chan 和 Makino，2007；Dacin 等，2007）的视角进行研究。其中外部合法性主要指跨国企业所在东道国的政府部门、供应商、客户、社会公众及社会机构等对跨国企业的认可及支持程度；而关于内部合法性，本书分别是基于跨国公司海外子公司和跨国公司母公司的视角进行讨论的。其中基于海外子公司视角下的内部合法性主要是指跨国公司母公司、其他分公司和子公司对海外子公司的认可与支持程度；而基于跨国公司母公司视角下的内部合法性主要是指被并购公司的股东、高层管理人员和普通员工对母公司及其并购行为的认可与支持程度。

四、环境社会和公司治理（Environmental，Social and Governance，ESG）

ESG 是一种关注环境、社会和治理的非财务性企业评价体系，推动企业从单一追求自身利益最大化到追求社会价值最大化，也是推动企业可持续发展的系统方法论，是联合国责任投资原则组织（Principles for Responsible Investment，UN PRI）衍生出来的一套评价准则。ESG 概念最早由联合国环境规划署在 2004 年首次提出，要求企业在发展过程中要注重环境保护责任、履行社会责任、完善公司治理责任。该项评价体系所包含的三个指标成为投资者在投资时用于衡量企业发展可持续性所关注的核心因素。这些信息不会体现在公司财务上，却关系着企业发展的可持续性。根据高盛公司的定义，ESG 中的 E（Environmental）指公司在环境方面的积极作为，例如，符合现有政策制度、关注未来影响等，包括投入和产出两个方面。前者主要涵盖能源、水等资源的投入。后者主要包括温室气体的排放、资源消耗、废物污染、沙漠化率、生物多样性等。S（Social）是指企业在社会方面的表现，主要包括领导力、员工、客户和社区四个方面。G（Governance）主要是指公司在治理结构、透明度、独立性、董事会多样性、管理层薪酬和股东权利等方面的内容。

第二节　理论基础

一、后发者创新追赶理论

行业领导者和后来者之间的转变经常在不同国家和不同行业得到见证（Ethirai 和 Zhu，2008）。根据 Hobday（1995）的定义，后发者是指同时面临技术劣势和市场劣势的发展中国家企业。在技术发展上，由于后发企业通常远离国际研发中心，且拥有落后的工业基础设施和科研机构，因此在技术创新方面与领先企业具有巨大的落差，只能沦为技术跟随者或模仿者；在市场进入方面，后发者依然面临较高的进入壁垒，因其无法融入主流的国际市场，且缺乏成熟的消费群体，因此在国际市场占有率方面与领先企业相差甚远。本书以中国情境为例，研究制度理论视角下中国企业的国际化和创新就是针对缺乏所有权优势和技术创新资源且以实现技术追赶为目标的发展中国家后发企业的研究。

在技术创新领域中，对于后发企业的研究通常围绕其如何实现技术追赶（Lee 和 Malerba，2017）。现有文献中关于后发企业技术追赶的一个主流理论是以 Hobday（1995）的 OEM - ODM - OBM 逆向产品生命周期曲线模型和 Kim（1980）的引进、消化、提高三阶段模型为典型代表，主要是阐述后发企业渐进性技术追赶的积累过程。Hobday（1995）将技术学习视为组织获取外部知识并积累技术能力以提高其竞争优势的过程。组织通过从原始设备制造商（Original Equipment Manufacturer，OEM）的贴牌生产服务，到原始设计制造商（Original Designing Manufacturer，ODM）的设计加工，再到最终发展成为原始品牌制造商（Original Branding Manafacturer，OBM）开始经营自有品牌的发展路径（汪建成和毛蕴诗，2007；汪建成等，2008）。但也有部分学者质疑在国际化竞争日趋激烈的外部环境下，全球价值链核心企业掌握和控制关键技术和创新资源以及品牌和市场的状况下，该路径会将中国大部分企业锁定在全球价值链的底端（刘志彪和张杰，2007；卓越和张珉，2008），从而使 OEM 企业很难成功实现转型升级（Ponte 等，2014）。Lee 和 Lim（2001）的研究发现，韩国的后发企业存在路径跟随、路径跨越和路径创造三种技术追赶模式。后发追赶者除了要具备一定的技术能力基础，还要拥有对未来技术发展轨道预测的能力（Lee 和 Lim，2001）。而就追赶过程而言，它通常是一个由几个阶段组成的系统性问题，因为领导层的变化不仅受到企业实力的影响，还受到各种外部因素的影响，如国家环境、政府发布的产业政策和法规（Guennif 和 Ramani，2012）等。而且当后发追赶者技术能力逐渐接近技术前沿时，其同行竞争者在技术信息共享方面将变得更为谨慎，技术溢出效益也会因此降低，此时后发者需要选择其他渠道支撑其完成由技术追赶到创新追赶的过程，开始逐步实现创新能力的提升，而国际化则被视为新兴市场后发企业实现这一目标的"跳板"（Luo 和 Tung，2007）。

二、中国企业的国际化理论

中国企业的国际化实际上是在政府政策推动下的过程，"引进来""走出去"作为我国对外开放驱动经济发展战略的两端，在中国的经济发展和技术创新追赶方面起到了关键的作用。从国际化理论层面来看，"引进来"属于在母国参与国际分工的内向国际化战略，是指通过引进国外先进产品、技术、投资、管理人才等以促进国内经济的发展；而"走出去"则是指将国内的企业、产品、资金、技术、人才等扩展到海外市场的经济发展行为，属于推动企业在母国之外参与国际分工的外向国际化战略（Welch 和 Luostarinen，1993）。对于新兴市场而言，内向国际化是企业学习和积累知识的过程，通常是外向国际化的起点；外向国际化则是在内向国际化发展基础上的进一步提升（Welch 和 Luostarinen，1993）。党的十九大报告明确指出，要以"一带一路"建设为重点。关于中国情境下的国际化战略研究，已有文献也逐渐从关注在中国的外商直接投资（IFDI）活动转向中国企业的对外直接投资（OFDI）活动。Alon 等（2018）应用可视化技术，对 2003~2016 年发表在 72 个期刊中的 206 篇关于中国企业国际化问题的文献进行了文献引用计量分析，将已有文献归为四个主要的研究分支：传统跨国公司理论框架在新兴经济体跨国公司情境下的适用性、中国企业海外投资的驱动和动机、东道国区位选择、跨国公司海外进入模式。

首先，关于理论框架方面，学者主要围绕是否需要建立适用于中国情境的新理论产生了讨论。因为跨国公司的国际化活动兴起于发达国家，由 Dunning（1988）提出的"折衷理论"，也就是国际直接投资模式（Ownership‑Location‑Internalization，OLI），以及由 Johanson 和 Vahlne（1977）基于瑞典企业国际化行为所提出的乌普萨拉国际化过程模式成为早期解释跨国公司国际化活动的两个经典理论。前者认为只有当跨国公司同时具备所有权特定优势（Ownership）、内部化特定优势（Location）和区位特定优势（Internationalization）时，才会选择国际直接投资活动。所有权优势是指企业拥有可以垄断利润的专有资产。内部化优势主要是指企业所拥有的内部组织及管理能力，是企业充分发挥所有权优势的保障。而区位优势是指企业会将生产活动安排在最有利于其发挥所有权优势的地理位置。这三种优势之间相互依赖，所有权优势决定了企业为什么进行海外投资活动，区位优势决定了企业去哪里进行投资，而内部化优势则决定了企业如何进行海外投资。乌普萨拉国际化过程模型的逻辑主要是由于企业对国外市场缺乏知识和了解并且具有规避风险的倾向。Johanson 和 Wiedersheim-Paul（1975）认为，国际化最大的障碍是缺乏知识和资源。这些障碍可以在企业逐步决策和对国外市场和业务的学习过程中得以减小。因此，他们认为国际化是一系列渐进决策的结果。他们归纳了企业逐步国际化的四个阶段：无常规性出口活动、独立代理、销售子公司、生产制造。他们引入了心理距离的概念，认为它是阻碍和干扰企业与市场间信息流动的因素。随后，Johanson 和 Vahlne（1977）第一次提出了乌普萨拉国际化模式，该模式最独有的特征就是关注知识积累和资源承诺的过程，而不是孤立的投资决策。乌普萨拉国际化模式的另一个重要特征是它试图集成过程和内容，反映的是一个动态的过程（Vahlne 和 Johanson，2017）。由于以上两个经典理论都是基于发达经济体国家的国际化行为所提出来的解释机制。面对新兴经济体跨国企业的崛起，一部分学者认为，需要产生新的理论来解释新兴经济体企业的国际化行为。例如，Liu 等（2008）在针对 16 家中国本土私营企业的研究中指出，当前的国际直接投资理论无法充分解释中国私营跨国企业的国际化过程和竞争决策。与发达国家相比，新兴经济体国家跨国企业的跨国投资行为往往并不是由传统的所有权优势所驱动的（Liu 等，2005）。不过，也有学者认为中国的跨国公司会通过国际化的方式，例如，并购海外战略型资产（Deng，2009），来减少所有权劣势（Alon 等，2018）。而另一部分学者认为并不需要新的理论，只是需要对经典国际化理论进一步补充和扩展即可。例如，Mathews（2006）所提出的 LLL 模型（Linkage-Leverage-Learning）主要关注后发者如何通过外部联系、利用资源杠杆作用和战略性组织学习来提升自身的竞争优势，而不是利用企业现存的内部优势（Gloria 和 Ding，2008）。

其次，关于中国企业海外投资的驱动和动机，研究认为来自新兴经济体的跨国公司属于后发者，具有与发达经济体跨国公司不同的国际化动机，带有比较明显的技术追赶特征。它们偏好于收购自然资源和高科技等战略性资产，并试图克服后来者劣势和逃脱来自本土市场的制度和市场约束（Luo 和 Tung，2007；Morck 等，2008；Rui 和 Yip，2008；Deng，2009）。制度理论是除了传统的国际化理论外，用于解释中国情境下跨国企业行为最常用的理论之一。因为中国企业国际化实际上可以说是一个由政策驱动的过程。中国政府通过推动产业政策促进中国企业参与国际市场活动。许多学者基于制度理论认为，政府的支持是中国企业对外投资的最主要动因之一（Luo 等，2010）。而参与战略性资产寻求被认为是中国企业出海的基本目标（Child 和 Rodrigues，2005；Anderson 等，2015）。因此一些学者发现，相较于绿地投资的方式，中国跨国公司更偏好于使用收购的方式进入海外市场并快速获取相应的无形战略资产（Rui 和 Yip，2008；Deng，2009）。早期的研究主要集中于我国大型国有企业的国际化趋势（Boisot 和 Meyer，2008；Morck 等，2008）。而随着 2003 年中国政府开始允许民营企业参与海外投资活动，越来越多的民营企业开始走出国门，通过国际化的方式迅速发展壮大，使中国对外投资总量呈现指数增长趋势。随着我国国际投资数量的增长，涌现许多特殊的国际化问题和挑战。有研究指出，由于复杂和不稳定的外部环境以及异质的内部资源和能力，使用单一的理论方法无法充分理解中国跨国企业海外投资行为（Peng 等，2008），需要通过对其他理论进行集成以分析和解释中国跨国公司的国际化战略（Lu 等，2011；Wang 等，2012）。

　　除了解释国际化动机以外，制度理论还被广泛地用于解释中国跨国企业的区位选择（Kolstad 和 Wiig，2012；Lu 等，2014；Wu 和 Chen，2014）。研究认为，新兴经济体跨国企业通常会先选择与母国制度距离较小的地区（Kostova 和 Zaheer，1999），因为制度距离的存在会影响跨国企业在东道国的合法性水平（Kostova 和 Zaheer，1999；Eden 和 Miller，2004）。此外，母国的制度和东道国的政治风险对区位选择的影响也受到了广泛的关注。然而研究发现，中国国有企业并没有将东道国的政治风险作为其海外投资的障碍（Duanmu，2012），尤其是在该地区存在大量重要的自然资源禀赋的前提下（Kolstad 和 Wiig，2012）。而且随着中国企业国际化经验的成熟以及自身技术能力的提高，中国跨国企业在"走出去"过程中目标地区的选择上也逐渐从以获取自然资源为目标向技术寻求型导向转变。

最后，关于进入模式的选择对跨国公司的影响，也是研究中国企业国际化的重要主题（Alon 等，2018）。中国企业在以往的国际化扩张过程中同时存在两种进入模式：一种是在我国企业国际化初级阶段常采用传统乌普萨拉模式的平稳渐进扩张战略，例如，由从事贸易出口活动，逐步开始建立海外销售机构，最后发展为在海外建立生产基地和研发中心的方式。另一种不同的发展路径倾向于关注渐进式进入模式的一些替代性选择，包括合资企业、全资子公司、兼并与收购以及绿地投资（Wei 等，2005；Xie 等，2017）。其中关于中国跨国企业的研究发现，早期的跨国公司不愿意进行绿地投资（Globerman 和 Shapiro，2009），而是更倾向于通过收购和合资等高承诺水平和高风险的方式快速实现其国际化目标（Sun 等，2012）。然而，与国内市场发展相比，跨国经营可能会面临更多的政治风险、文化差异等不确定因素，从而导致企业采用不同的进入模式。基于制度理论的研究认为，制度差异在跨国企业的进入模式选择上具有一定的调节作用。例如，Kogut 和 Singh（1988）发现，母国与东道国之间的文化距离越远，跨国企业越倾向于选择合资或拥有全资子公司的方式进入东道国，而非并购的方式。同样地，Meyer 等（2009）发现，在较弱的制度环境中，跨国公司会寻求合资的进入方式以获得各种资源。而在制度水平较高的环境中，收购的进入模式在获得无形资源方面发挥着重要的作用。

三、制度理论

被定义为"为社会行为提供稳定性和意义的规制性、规范性和认知性结构和活动"（Scott，1995）的制度，是由人类社会结构中自上而下设计和自下而上涌现出来的两种力量交互建构而成，定义了人类社会的"游戏规则"（Scott，1995），也是制约人类行为的框架（North，1990）。制度理论假定制度是环境中的一个关键组成部分，包括法律、规定、文化、习俗、社会、伦理等。制度会对嵌入其中的组织行为施加约束性影响，迫使处于同一场域中的组织在行为上趋于一致性，从而产生同构现象（DiMaggio 和 Powell，1983）。作为一种社会交易规则，制度在一定程度上决定了社会活动的交易成本和协调成本（North，1990）。扩展到组织行为层面，制度理论认为，在经济社会中的组织行为不仅受到理性假设下经济效率的影响，更是受到组织所嵌入的外部制度环境的制约和塑造

（North，1990）。制度理论同时也是研究跨国公司战略选择的重要理论基础，因为对于跨国公司来说，其国际化战略决策过程中的一个关键考虑因素就是由母、子公司所嵌入的制度环境差异所带来的跨越制度经营的问题（Peng 等，2008）。尤其是在新兴经济体国家的国际化战略管理问题研究中，跨国公司为了生存和发展必须适应与母国具有明显差异的外部环境和系统的规则，制度理论是被广泛运用的一套用于解释企业在母国和东道国不同的制度压力下行为差异的理论（Yiu 和 Makino，2002；Kostova 等，2008），而制度距离和组织合法性则是其中的核心要素。

（一）制度距离

制度理论回答的一个中心思想是"为什么同一环境下的组织通常会逐渐趋于同质"。DiMaggio 和 Powell（1983）指出，制度会对组织施加强制性、模仿性和规范性的同构压力迫使同一制度域内的组织趋于同质。而在国际化的环境下，跨国公司内嵌于国家特有的制度环境中（Busenitz 等，2000），不同国家间在规制、规范和认知上的差异形成了制度距离（Kostova 和 Zaheer，1999），制度距离对跨国企业的经营具有重要的影响（Peng 等，2008）。随着制度距离的增加，外来者劣势也随之增加（Kostova 和 Zaheer，1999；Eden 和 Miller，2004）。已有研究强调了制度距离对企业跨国经营的影响（Xu 和 Shenkar，2002），包括外来者进入的可能性（Xu 和 Shenkar，2002；Holburn 和 Zelner，2010）、进入模式（Xu 和 Shenkar，2002；Yiu 和 Makino，2002）、组织所有权结构（Eden 和 Miller，2004）、组织在东道国的绩效（Gaur 和 Lu，2007）等。面对较大的制度距离，跨国企业容易受到东道国的歧视和外汇风险。不仅要付出更多的信息搜寻和加工成本，也要付出更多的努力来进行协调和控制（Zaheer，1995；Kostova 和 Zaheer，1999）。制度距离的存在也会阻碍外来跨国公司对当地市场的了解以及使其与客户、供应商和其他机构的互动更为困难，同样也阻碍当地利益相关者对外来跨国公司的了解（Salomon 和 Wu，2012）。因此，制度距离越大，越不利于跨国公司在东道国获取和维持合法性，也越难将母国的战略、惯例等活动转移到海外子公司（Kostova 和 Zaheer，1999）。为了克服制度距离所造成的诸多劣势，合法性的获取对于跨国公司进行国际化经营至关重要（Kostova 和 Zaheer，1999）。

（二）组织合法性理论

1. 组织合法性概念的起源及演进过程

合法性（legitimacy）是新制度主义理论的核心概念之一，也是组织的核心生产资源。合法性的概念最初产生于早期制度理论中社会学派的相关研究中。Weber 被认为是最早将合法性概念引入社会科学的社会学家之一。Weber（1924）强调，在合法性秩序中存在的信念是决定行动模式的公理和准则。Parsons 传承并扩展了 Weber 关于合法性的论述，通过引入 Weber 的思想并将自己的"文化—制度"的观点用于具体组织的分析，从而形成了将社会制度研究与组织研究联系起来的早期流派。Parsons（1956）通过研究组织与其所处环境的关系，强调组织合法性是由组织目标与社会功能的一致性所产生的。随着新制度主义经济学的产生和发展，Zucker（1977）、Meyer 和 Rowan（1977）发表的两篇开创性论文，将新制度理论成功地引入了组织社会学的研究中。他们将关注的焦点从组织目标转移到组织结构和组织程序，并将制度视为一种文化性规则复合体，强调"信念"的重要性（Zucker，1977）以及制度变迁对组织结构的影响（Meyer 和 Rowan，1977）。其中，Zucker（1977）的观点更偏向于微观，关注信念对组织行为的锚定效应。而 Meyer 和 Rowan（1977）的观点更偏向于宏观，认为组织会通过与其所嵌入的外部制度环境保持同形而成功获得其生存和发展所需的资源。DiMaggio 和 Powell（1983）进一步提出了三种组织的同形机制，即强制性同形、规范性同形和模仿性同形。他们认为制度的影响会通过这三种组织的同形机制扩散到整个组织场域，从而使组织间逐渐具有相似性。新制度主义重新定义组织环境的边界，强调组织与所感知的法律法规、规范性支持的一致性程度，或与文化—认知框架匹配的一种状况（Scott，1995）。上述学者的观点推动了我们对当代组织两大重要特征的理解：一是嵌入相同场域中的组织，其结构特征通常具有明显的相似性；二是组织中同时存在正式结构和非正式结构：正式结构反映了组织所从事商业行为的方式获得来自官方的接受和认可；非正式结构则反映了组织内部的实际行为模式和工作惯例。

组织需要在其所处的生存环境中建立并维持相应的合法性（Scott，2000）。如果一个组织缺乏合法性，它进行业务、获得融资和积累资源等能力将受到限制（Tsang，1996；Ahlstrom 等，2008）。长期以来，关于组织合法性的研究主要分为制度理论流派和战略理论流派两大阵营，制度理论流派强调组织对环境的被动反应，而战略理论流派则强调组织对环境的主动反应。基于制度理论视角的研究一直将组织合法性视为组织的内在需求，强调组织同形的重要性（DiMaggio 和 Powell，1983），认为企业必须遵守利益相关者的规则和信念体系（Scott，2000；Suddaby 等，2017），关注如何将外部社会建构的信念嵌入组织结构中以完成组织在场域环境下的制度化过程（Johnson 等，2006）。而战略理论流派的学者基于资源依赖理论，认为合法性是在组织内外巩固组织声誉（Suddaby 和 Greenwood，2005；Bitektine，2011；Drori 和 Honig，2013）以及提高企业在具有挑战性的情境下的自由度和生存能力（Delmar 和 Shane，2004）的工具，将组织合法性视为组织实现经营目标所依赖的和可操纵的资源，主要围绕组织对制度压力的反应（Oliver，1991）以及合法性的获取、维持和修复策略（Zimmerman 和 Zeitz，2002）等方面进行研究。

以上是早期基于制度视角和战略视角的两大流派关于合法性研究的讨论，也是新、旧制度理论最大的区别，即将关注点从组织场域对组织的同构转向了组织如何发挥能动性实现对制度化过程的再塑造（吴先明和张雨，2019）。Suddaby 等（2017）则基于一种更宏观的视角将以往关于合法性按其被研究的不同形态划分为三个主要流派，即基于属性视角的合法性、基于过程视角的合法性和基于认知视角的合法性。基于属性视角下的合法性研究通常将合法性视为组织的一种资源（Suchman，1995）或是一种无形资产（Gardberg 和 Fombrun，2006），其主要聚焦在组织与其外部环境间的关系描述中，因此该视角下的研究更多评价的是行动者如何"拥有""获得"合法性。基于属性视角的合法性研究主要在早期 Weber（1924）对合法性分类（传统的价值观、魅力型领导和理性—法律基础）的基础上根据合法性的构成要素在概念上对其进行识别和分类。Aldrich 和 Fiol（1994）基于组织生态学的衡量方法将合法性分为政治社会合法性和认知合法性。前者指的是焦点组织的特征或行为与围绕在它周边的其他组织的文化意义体系中的规范性期望之间的一致性程度。后者则来源于逻辑和思维习惯上的认可程度，是指当组织的规范性期望与环境之间达到一种高度的一致性或可接受度时，被认为其特征和实践都是非常正常且自然时所发生的情况，是对前者概念的延伸。Scott（1995）则从规制合法性和规范合法性对社会政治合法性进行了拆解。其中规制合法性代表政治、法律层面的强制性要求；规范合法性代表价值观和社会规范等的一致性约束。上述两者与认知合法性一起构成了合法性的三支柱理论

（Scott，1995）。Suchman（1995）则基于组织目标视角，提出了实用合法性、道德合法性和认知合法性三个广泛的划分维度。实用合法性产生于组织在其所嵌入的直接环境中实现实践目标的能力；道德合法性则与 Scott（1995）的规范合法性以及 Aldrich 和 Fiol（1994）的政治社会合法性具有相似的意义；认知合法性则与以往的概念具有很接近的意义，强调组织被接受是必要的或必然的程度。Singh 等（1986）、Kostova 和 Zaheer（1999）、Kostova 和 Roth（2002）和 Drori 和 Honig（2013）则基于评判者的视角，根据授予合法性来源的不同将其分为内部合法性和外部合法性。Tost（2011）、Bitektine 和 Haack（2015）则从不同层次的视角将其分为微观层面的个体合法性和宏观层面的集体合法性。此外，基于过程视角的合法性研究不再将合法性作为一种稳定的状态，而是一种源自社会建构的思想的动态观念（Suddaby 等，2017）。也就是说，合法性是涉及多个参与者进行的持续性社会谈判过程的产物，而不是基于例如组织同构这类制度压力下的产物（Suddaby 等，2017）。因此使用"合法化"一词作为这一视角下的概念似乎更为贴切；最后，基于认知视角下的合法性研究则将其视为描述社会认知或评价的一种形式，关注更多的是个体在合法性社会建构中的作用。所以个体行动者主要是以一个"评估者"的角色参与到合法性判断中，基于合法性评价结果产生相应的行为（Bitektine，2011）。因此基于该视角的研究从根本上说是多层次的，从理论上说合法性既存在于个体层面，也存在于集体层面。

关于组织合法性的概念，不同理论学派均有所涉及。虽然基于不同的理论与应用情境，对合法性的界定存在一定程度的差异，但就其本质而言，仍具有一致性的特征。基于本书的研究情境与研究内容，我们接下来重点对国际化情境下的合法性理论进行梳理。

2. 国际化情境下的组织合法性研究

对于跨国公司而言，其合法性尤为重要。通常来说，跨国企业在进行跨国经营的过程中，会面对诸多由"外来者劣势""来源国劣势"所引发的合法性缺失等问题。因此，合法性的获取是后发企业国际化过程中的关键。Kostova 和 Zaheer（1999）是较早研究跨国企业情境下组织合法性问题的学者。他们认为，与传统非跨国情境下的组织合法性问题研究不同，跨国企业在国际化经营过程中所面临的来自母国与东道国之间客观存在的制度差异，是造成跨国企业合法性问题最主要的来源（Kostova 和 Zaheer，1999）。关于制度距离与跨国公司组织合法性的关系，早期的研究强调跨国公司所处环境在规制、规范和认知上的特征差异能够引起相当程度的复杂性（Scott，1995）。缺乏相应的理解会使跨国企业在遵从当地制度环境的合法性需求时面临复杂的问题（Meyer 和 Rowan，1977；Kostova 和 Zaheer，1999），从而对企业从事跨国并购等国际交易带来特别的挑战（Rosenzweig 和 Singh，1991；Kostova 和 Zaheer，1999）。近年来，随着新兴经济体跨国公司的逐渐兴起，以及它们对发达经济体国家直接投资的快速发展，新兴市场跨国企业合法性问题已然成为国际化理论、跨国公司理论和制度理论学者关注的焦点（Mathews，2006；Peng 等，2008）。

　　鉴于非跨国情境下组织合法性的定义，跨国公司的海外合法性可以理解为东道国利益相关者对其存在和行为是否合适、满足需求的一种认知（Dacin 等，2007），包括跨国公司海外子公司的合法性和跨国公司母公司的合法性。组织的复杂性、环境的不确定性和多元性以及组织实现合法性过程中的模糊性增加了跨国企业获得并维持合法性的难度（Kostova 和 Zaheer，1999；Kostova 等，2008）。然而，组织所获取的合法性以及赋予合法性的主体都是动态变化的（Ashforth 和 Gibbs，1990；Oliver，1991），跨国公司在实践中可以积极尝试培养和增强其合法性（Elsbach 和 Sutton，1992）。组织一般可以通过改变环境或改变自身两种途径获取合法性（Zimmerman 和 Zeit，2002）。为了获取合法性，跨国公司在进行跨国经营前要根据自己的资源优势和行业特点考虑"去哪里""怎么去""怎么做"等一系列问题（Peng 等，2008；Meyer 等，2009；薛有志和刘鑫，2013）。其中，东道国的区位选择（"去哪里"）展现了组织如何通过改变环境的方式获取合法性（Xu 和 Shenkar，2002）；东道国市场的进入方式（"怎么去"）和跨国企业进入东道国之后采取的治理策略（"怎么做"）则反映了组织如何通过改变自身的方式获取合法性（Xu 和 Shenkar，2002；Yiu 和 Makino，2002；Chan 和 Makino，2007；Schwens 等，2011）。就制度距离而言，东道国区位选择必须与公司层面的策略（如海外市场进入模式）相匹配。Xu 和 Shenkar（2002）指出，东道国的区位选择和进入模式能够引导施加于跨国公司的外部和内部同构压力以获得合法性。他们发现跨国公司通常选择与母国具有较小制度距离的市场，以循序渐进的国际化进程进入全球市场，并在借鉴早期运营经验的基础上逐渐增加国际参与度（Johanson 和 Vahlne，1977；Vahlne 等，2011；Meyer 和 Thaijongrak，2013）。而当跨国公司在制度距离较大的国家进行投资时，为了降低风险，保持灵活性，增强合法性，通常采用股权较少的合资方式（Xu 等，2004；Owens 等，2013）。例如，Brouthers 和 Brouthers（2003）指出，西欧制造业跨国公司在进入中东欧市场时，更倾向于合资企业，而非全资子公司。同样地，Tihanyi 等（2005）也在美国的跨国公司中发现了类似的结果。由此可见，跨国公司通常通过与东道国的合作伙伴分享控制权，以增强外部合法性（Chan 和 Makino，2007；Klossek 等，2012）。然而当面临强大的内部压力时，它们也可能会提高持股比例，以维持内部合法性水平（Chan 和 Makino，2007）。Lu 和 Xu（2006）关注了合资企业在取得和维持外部合法性和内部合法性之间的平衡方面所面临的困难，因为这需要对相互冲突的体制规则和规范进行同构（Kostova 和 Zaheer，1999；Xu 和 Shenkar，2002）。Chan 和 Makino（2007）认为，在顺应东道国环境的强大压力下，跨国公司可能会以降低持股比例来换取外部合法性，也可能会以较高的持股比例来应对维持自身内部合法性的强大内部压力。

四、社会资本理论

社会资本理论主要指人们通过社会互动与他人建立联系，从而能够在个体、群体和组织层面获得有形和无形的资源（Coleman，1988）。基于互动性原则，社会资本的功能需要通过不同参与主体间相互合作得以实现，并在持续的社会交互过程中不断增强。学者已经广泛地将社会资本概念化为社会行动者从其社会结构中获得的利益。其中基于结构视角的社会网络研究流派提出社会资本通常拥有一定的网络特性，可以通过特定的关系网络促进信息、资源、技术以及知识的流动，使接触或拥有它的人获益，属于一种私有财产（Burt，1992）。Nahapiet 和 Ghoshal（1998）将社会资本定义为个体可以从其所嵌入的关系网络中获得的实际和潜在资源的总和。该理论持有的一个重要观点是社会资本嵌入相互联系的个体、群体或组织的社会网络中，并且可以通过社会关系网络去获得（Bolino 等，2002；Inkpen 和 Tsang，2005）。与结构视角认为社会资本属于私有财产相反，基于关系视角的研究认为社会资本属于公共财产。Coleman（1994）提出，作为公共财产的社会资本是一种"无论实际上是哪一个群体成员促进、维持或贡献了该项资源，对群体中的所有成员都可用"的集体资产。在这种形式下，社会资本存在于集体社会实体的层次，例如，一个组织或子单元（Kostova 和 Roth，2003）。Kostova 和 Roth（2003）在研究跨国公司的情境下，将结构视角和关系视角进行结合以探索跨国公司子公司中社会资本的形成，指出海外子公司中社会资本的形成依靠子公司中的边界跨越者，遵循一个由微观到宏观的过程模型，将其从属个人财产的社会资本逐渐转变为从属公共财产的社会资本的过程。他们提出对于跨国公司来说，最重要的任务之一就是在地理上分散的子公司之间进行广泛的资源协调、整合和交换（Kostova 和 Roth，2003）。

第三节　文献综述

从"引进来"到"走出去"，我国政府高度重视国际化战略并大力推动中国企业走出去参与全球化竞争。本章回顾了与本书研究相关的理论基础及其发展脉络，包括后发者创新追赶理论、中国企业国际化理论、制度理论（制度距离、组织合法性）和社会资本理论。接下来将通过对已有文献进行评述，提出已有研究的不足以及可以进一步研究的空间。

一、国际化战略与后发企业创新能力的提升

新兴经济体的路径依赖，强政府干预以及不发达的制度使国内企业很难通过学习积累和内部研发的方式发展其技术优势（Piperopoulos 等，2018）。近年来，中国企业国际化活动在实践中积累了丰富的经验，却缺乏理论支撑。尽管研究者一致认为，国际化为企业创造了学习的机会，但所形成的理论假设和发现在很大程度上是基于对发达经济体企业国际化的研究。对于新兴市场企业能否成功地学习和吸收国外的新知识，已有文献并没有一个完整和一致的认知（Chittoor 等，2015；Piperopoulos 等，2018），也无法深入揭示新兴市场企业国际化决策和战略实施的具体过程及结果的独特性。

后发企业技术追赶过程中创新能力的提升是目前学术界关注的焦点问题。随着后发者追赶进程的加快和全球经济一体化的逐渐加深，对后发企业技术追赶的国际化研究逐步展开（Luo 和 Tung，2007）。技术学习理论认为，在经济全球一体化背景下，后发国家企业拥有后发优势，可以通过学习国外企业的先进技术进行模仿创新或引进—吸收—集成—再创新。然而已有研究在创新赶超理论与国际化理论间对话有限，关于后发企业国际化的早期研究主要立足于如韩国、新加坡

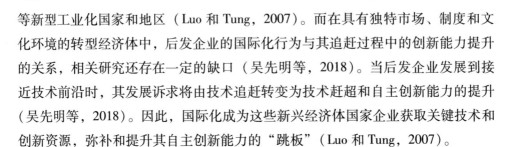

等新型工业化国家和地区（Luo 和 Tung，2007）。而在具有独特市场、制度和文化环境的转型经济体中，后发企业的国际化行为与其追赶过程中的创新能力提升的关系，相关研究还存在一定的缺口（吴先明等，2018）。当后发企业发展到接近技术前沿时，其发展诉求将由技术追赶转变为技术赶超和自主创新能力的提升（吴先明等，2018）。因此，国际化成为这些新兴经济体国家企业获取关键技术和创新资源，弥补和提升其自主创新能力的"跳板"（Luo 和 Tung，2007）。

关于国际化战略与后发企业创新能力之间关系的研究，基于技术上的劣势，后发跨国公司进入国际市场的主要诉求是寻求关键技术和创新资源，利用资源杠杆实现母国企业创新能力的提升（Mathews，2002）。基于资源基础观的理论，国际化有助于后发企业获取外部资源，从而促进其创新活动（Kafouros 等，2008）。从组织学习和技术溢出的视角来看，参与国际化分工会使后发企业拥有更多接触和学习外部先进技术知识的机会，对于创新能力的提升具有积极的促进作用（Zahra 等，2000）。同时，后发企业在国际化过程中能够获取国际市场的信息，为接下来的产品创新提供借鉴和参考，提升后发企业的响应能力（Kafouros，2006）。从效率的视角来看，跨国经营有利于后发企业跨越组织边界，为其整合国内、外的创新资源，实现创新协同效应提供可能，从而更加有效地获得创新收益（Kafouros，2006）。而基于竞争理论的视角，国际化加剧了企业的竞争效应，无论是内向国际化中面临的外来者，还是以外来者的身份到东道国参与竞争，竞争效应能够迫使企业保持持续的研发投入和创新产出（吴先明等，2018）。

由此可见，新兴经济体国家企业的国际化行为的动机和特征（Mathews，2002，2006）不同于发达经济体国家企业国际化的前提条件和主要特征（Johanson 和 Vahlne，1977；Dunning，1988）。而正处于转型经济背景下的中国企业，其国际化行为的动机和特征更加具有独特性。中国企业的国际化行为主要受政府政策推动，从"引进来"的内向国际化战略到"走出去"的外向国际化战略。尤其随着我国技术创新能力的进一步提高的瓶颈开始显现，我国企业更倾向于开始寻求高承诺水平和高风险的跨越式国际化战略，即通过跨国并购等方式直接进入发达国家进行跨国经营，由此又引发了一系列新的国际化问题和挑战。

二、后发企业国际化过程中的合法性与创新绩效

在后发企业利用国际化的"跳板"提升其创新追赶能力时，不得不面对由

跨国经营附带的制度环境差异所引发的合法性问题。组织并不只是经济理性的，同时拥有获得其所在地区和环境合法性的愿望（Deephouse，1996）。组织需要得到社会的认可，利益相关者的接受（Bitektine，2011），即要具有合法性。合法性能够帮助企业获得所需要的外部资源，进而提高组织的竞争力（Oliver，1997）。关于组织合法性的早期研究许多是基于国内创业企业的视角（杜运周和张玉利，2012），指出合法性对新创企业获得其所需的资源（郭海等，2018），进而实现生存和发展具有重要作用（Zimmerman 和 Zeitz，2002）。近年来随着企业国际化进程的推进，越来越多的学者开始关注跨国公司的合法性问题（Brenner 和 Ambos，2013）。制度理论认为，母国与东道国之间的制度距离是跨国公司选择东道国时需要考虑的最重要的因素之一。一般而言，母国与东道国制度距离越大，跨国公司越难建立合法性（Rotting 和 Reus，2009），也就越难把母公司的战略惯例迁移至东道国的子公司（Kostova 和 Zaheer，1999），母公司也难以获得当地合法性（Rotting 和 Reus，2009）。而选择制度距离小的东道国会降低跨国公司的进入难度，降低其在东道国市场开展经营活动的风险（Xu 和 Shenkar，2002）。因此，跨国公司通常会选择进入制度距离较小的国家，从而获取和维持其海外经营的合法性。

关于组织合法性对企业行为及结果的影响，基于制度理论视角的研究强调同质性（DiMaggio 和 Powell，1983），认为嵌入于某一场域中的组织，需要满足外部制度环境的要求以获得合法性（Meyer 和 Rowan，1977；DiMaggio 和 Powell，1983）。不能遵从或与当地制度环境的合法性需求不一致的跨国企业很难获得当地利益相关者的认可和支持。跨国企业在进入一个制度环境差别较大的地区后，因为不了解当地的制度和法律环境，往往很难适应。尤其是新兴经济体国家的跨国企业在进入发达国家时，由于缺乏国际化经验，无法应对复杂多变的国际化环境，又难以满足东道国制度环境的要求。当企业通过直接投资或跨国并购等方式在海外拥有子公司时，来自母国和东道国间的制度距离会使企业面临获得或维持内、外部组织合法性的双重困难（Kostova，1999；Kostova 和 Zaheer，1999）。战略视角则将合法性本身视为一种组织资源，影响企业的战略选择和绩效（Oliver，1997；Zimmerman 和 Zeitz，2002）。跨国公司可以通过选择合适的进入战略以获取相应的合法性。Eden 和 Miller（2004）提出，随着母国与东道国之间制度距离的加大，跨国公司更可能选择较低的股权战略以获得海外子公司合法性。Chan

和 Makino（2007）研究发现，相比对制度环境稳定的东道国，跨国公司在向制度环境不稳定的东道国投资时更倾向于努力提高海外子公司的外部合法性。

基于上述两个视角的研究通常都将获得关键利益相关者的接受和认可作为企业生存和发展的关键资源。组织管理领域，Zimmerman 等（2002）的研究通过提出组织合法性、资源获取与发展的模型，系统地解释了组织合法性对企业绩效的影响机制。很多学者基于 Zimmerman 的观点，认为组织合法性能够帮助企业获取生存和发展所需要的关键资源，从而促进企业绩效（Oliver，1997；Delmar 和 Shane，2004）。在国际化情境下，Rotting 和 Reus（2009）认为，制度距离所导致的跨国公司在东道国面临的合法性问题会负向地影响跨国公司的绩效。如果缺乏公众或者社会的支持，那么跨国公司在海外经营过程中就可能会遭遇到各种形式的抵制、制裁甚至东道国政府的直接干涉和限制（Rosenzweig 和 Singh，1991）。所以组织合法性的提高也会对跨国企业的并购绩效产生积极的影响（乐琦，2012）。

三、制度距离背景下获取合法性的跨国公司战略选择

综上所述，企业国际化理论框架下的合法性问题研究主要基于母国与东道国间客观存在的"制度距离"（Kostova 和 Zaheer，1999）以及由此产生的"外来者劣势"规避行为（Zaheer，1995），研究跨国公司在新进入或已经进入东道国市场时的生存及成长过程中获取内、外部合法性地位的策略问题（2016）。

关于组织合法性，特别是跨国公司合法性的已有研究主要基于制度理论，强调企业所嵌入的制度环境的作用，分析文化距离、制度距离等对其战略的影响，认为跨国公司要适应母国和东道国复杂的双重文化、制度环境，通过制定相应的战略决策（如进入模式）来适应东道国环境，提高合法性。而与适应论相反的是强调获得合法性的战略能动性，Oliver（1991）基于战略视角的研究分析了组织在面临外部制度环境压力情况下合法性的获取策略。然而在跨国背景下，合法性的获取情境和获取战略有所不同。制度距离的增大会增加跨国企业海外合法性获取的难度（Kostova 和 Zaheer，1999）。Schwens 等（2011）的研究发现，跨国公司的母国与东道国间的制度差异导致跨国公司采取不同的进入方式。Klossek 等（2012）采用案例研究方法分析了 6 家在德国经营的中国的跨国公司，发现由于中国与德国存在较大的制度距离，跨国公司通常采用与东道国合作伙伴共享控

制权来获得外部合法性。陈怀超等（2013）同样基于合法性的视角，用 Logistic 回归分析法检验了 178 家中国跨国企业面对制度距离时的进入战略选择。结果发现为了获得良好的合法性，相对于独资而言，制度距离越大，中国跨国公司越偏好于选择合资的方式进入东道国市场。

合法性获取与维持是后发跨国企业克服"外来者劣势""来源国劣势"的关键（魏江和王诗翔，2017）。关于制度距离视角的研究不仅关注跨国公司的进入战略（Xu 等，2004；Schwens 等，2011），同时也探讨其对跨国公司进入东道国后的治理方式和战略选择的影响（陈怀超和范建红，2014）。例如，有针对银行业全球化的研究发现，跨国银行通常会通过同构化战略来克服其进入新市场所面临的外来者劣势（Salomon 和 Wu，2012）。同质化有利于跨国企业满足东道国制度要求，进而帮助其获得合法性（DiMaggio 和 Powell，1983）。对于并购后跨国公司对子公司的治理方面，乐琦（2012）指出，并购后高管变更负向影响并购的内部合法性和外部合法性。而对被并购企业采取非正式控制方式有利于扭转并购前诸如相互间消极的固有观念等问题（乐琦和蓝海林，2012），减少母子公司冲突，促进文化融合，加快形成统一的价值观和理念（Barkema 等，1996）。刘娟（2016）在对跨国企业在东道国市场"合法化"相关文献的回顾中，根据跨国企业主体特征（新创企业和成熟企业）和东道国市场特征（新兴市场和成熟市场）将跨国企业在东道国的"合法化"策略分别归类于四个象限中，分别回顾了不同情境下跨国企业获取东道国"合法性"地位的策略选择。相比于新兴跨国企业，来自成熟市场的成熟跨国企业无论在新兴市场还是成熟市场，其关注更多的是合法性的维持策略。而当新兴市场跨国企业在国际化扩张时，则首先要面临合法性的构建和获取。研究发现，当新兴市场跨国企业在进入同样较弱制度水平的新兴市场时，面对与母国相似的制度环境，跨国企业在保持原有的组织形式和战略决策的同时，也能满足东道国的制度要求，与东道国其他企业的组织保持一致，这种同构化会帮助企业获得合法性（Meyer 和 Rowan，1977；DiMaggio 和 Powell，1983）。而当新兴市场跨国公司到制度更成熟的东道国投资时，制度同构策略、内、外部合法化策略、遵循策略和操纵策略是跨国公司常用的手段（刘娟，2016）。

四、已有研究不足与进一步研究空间

综上所述，尽管基于不同理论视角的各研究流派从不同的方面分析了后发者国际化战略与创新赶超以及组织合法性的关系，但目前仍有以下五项研究空间需要填补：

（1）传统的国际化理论与后发者创新追赶理论之间缺乏有效的对话（Piperopoulos 等，2018），尤其在后发企业技术追赶到接近技术创新前沿时，会通过一些路径开始从"创新跟随者"向"创新领导者"转变，而国际化的"跳板"作用被提出之后缺乏后续的相关研究（吴先明等，2018）。尤其是基于母国制度环境具有一定独特性的转型经济体国家（如中国），制度层面的因素在其国际化战略与创新追赶中具有重要的影响。随着中国在全球贸易和国际化活动中扮演的角色越来越重要，关于新兴经济体，尤其是处于转型经济背景下的中国企业国际化行为和结果，主流理论解释的局限性越发凸显。因此，基于中国转型经济背景，引入制度层面中由政府干预所带来的母国制度环境在后发跨国企业国际化与创新能力提升中的作用，对于理解、扩展和联结国际化理论与创新追赶理论具有重要的研究意义与价值。

（2）现有研究多关注发达国家企业的海外并购，缺乏将后发跨国企业国际化"跳板"理论与制度理论中的跨国公司合法性放到一个框架中进行讨论。现实中，与发达国家跨国企业情境不同，来自新兴经济体的一些企业往往出于战略性动机，在实施跨国并购等国际化行为时无法顾及母国与东道国间的制度差异。来自新兴市场的跨国公司在东道国不仅面临"外来者劣势"（Liabilities of foreign）（Mezias，2002），同时面临"来源国劣势"（Liabilities of Origin）（魏江和王诗翔，2017；Bartlett 和 Ghoshal，2000）。对于这一类企业，实施跨国并购之后，如何缓解由制度距离较大造成的不利影响，进而获取和提升企业的合法性，现有文献缺乏合理的解释，需要对此现象进行进一步的挖掘与分析。

（3）合法性的受众是多样的，不同受众对合法性的评价标准不同，因此影响机制也就不同（Fisher 等，2016）。从研究主体来看，现有研究缺乏对跨国公司的母、子公司进行进一步的细分。而跨国公司母、子公司的合法性受众实际上是具有差异性的，因此为获取合法性所采取的战略也有所不同。实施并购后，被并购子公司如何处理好与其他子公司间的关系，从而更好地获得母公司的认可和支持。对于跨国公司母公司而言，面对来自于不同制度环境下的海外子公司，如何管理和融合好母、子公司间的关系也是母公司需要重点考虑的问题。因此，进一步分别基于母、子公司的视角研究组织合法性问题有利于拓展合法性理论的视角和边界（Kostova 和 Zaheer，1999；Kostova 和 Roth，2002；Kostova 等，2008）。

（4）关于跨国公司合法性的研究，已有文献多从外部视角讨论，对内部合法性的研究较为缺乏（Chan 和 Makino，2007；程聪等，2017）。正如 Bitektine 和 Haack（2015）所指出的，合法性主要由他人的社会评价构成。跨国公司面对不同层次的制度环境，如母国和东道国的外部制度环境和跨国公司的内部制度环境（Chan 和 Makino，2007）。除了从外部制度环境之外，如母国或东道国的政府、媒体、客户，投资者那里还能获得外部合法性（Xu 和 Shenkar，2002；Dacin 等，2007），跨国公司还必须与其内部制度环境保持一致，以实现其内部合法性（Kostova 和 Zaheer，1999；Lu 和 Xu，2006；Chan 和 Makino，2007；Dacin 等，2007）。同时从内部视角和外部视角对跨国公司合法性获取战略进行研究有利于对组织合法性理论的进一步丰富。

（5）现有研究缺乏从动态角度分析跨国公司合法性获取的过程。除了部分研究（Vaara 和 Tienari，2011；程聪等，2017）关注了组织合法性的动态特征，以往多数基于静态视角的研究无法给予合法性活动的全景式描述从而揭示其阶段性特征。此外，静态视角研究的前提是针对单个独立事件，不适用于后发情境下的多重动态特性。利用动态视角的研究能够进一步丰富制度理论中的合法性研究（魏江和王诗翔，2017）。

综上所述，本书主要基于后发企业技术追赶过程中利用国际化"跳板"的视角（Luo 和 Tung，2007），研究中国企业从外向国际化过程中获得创新能力的提升以及由本土制度环境约束和由制度距离所产生的合法性问题在其中的作用机制。

第四节　中国企业国际化发展战略回顾

现代社会，技术创新是驱动各国宏观经济增长的微观基础。实现关键技术创新也是当前我国经济发展的核心战略，是国家应对发展环境变化、把握发展自主权、提高核心竞争力的必然选择。作为世界第二大经济体，中国经济发展已迈入新的阶段。中国拥有成为创新型经济体的巨大驱动力，世界经济论坛最新发布的《2018 全球竞争力报告》中显示，中国在全球竞争力排行榜中位列第 28 位，领跑其他大型新兴经济体国家。① 创新热潮促使民营企业数量显著增长，部分领域内企业的技术已经接近或达到世界先进水平，技术密集型行业的快速崛起反映出我国企业正在由跟跑者向并行者、领跑者转变。党的十九大报告指出，要以"一带一路"倡议为重点。"一带一路"倡议是一个深度融入世界经济的战略，在推动我国企业更好地融入世界经济竞争格局的过程中，需要顶层设计与基层创新相结合。在顶层设计方面，由政府出台的《推动共建丝绸之路经济带和 21 世纪海上丝绸之路的愿景与行动》；在宏观层面上布局了企业"走出去"的行动方针；在基层创新方面，我国中小型民营企业，作为全球化战略的中坚力量，在国际化实施过程中扮演重要的角色。

回顾历史，由于我国制度环境的特殊性，导致我国企业国际化之路起步较晚，发展时间也相对较短。1978 年改革开放以来，中国政府大力推行"以市场换技术"为主导的"引进来"国际化政策，希望通过内向国际化战略快速提升我国企业的技术水平和核心竞争力。虽然我国国际化起步较晚，但在引进外资方面获得了巨大的成功。而且从引入外资的地区来看，外商来源国也逐渐从发展中国家扩散到西方工业化国家和经济合作与发展组织成员国。通过"引进来"政策驱动下的内向国际化过程，我国完成了基础技术的快速积累。然而，随着发达国家技术领先企业知识产权保护意识的加强，后发企业通过模仿创新实现技术追赶的阻力越来越大。单纯的内向国际化战略已经不再适应中国企业的追赶要求。为了从根本上改变国内企业严重依赖外来技术的局面，中国政府实行了一系列宏观政策，推动中国企业走出去，积极参与经济发展全球化。自 21 世纪以来，中国政府在推动企业国际化经营方面制定了一系列促进政策，从 2000 年开始，我国政府在全面总结对外开放政策经验的基础上，在党的十五届五中全会上，首次提出"走出去"对外开放战略，并将其提升为国家战略层次写入"十五"计划纲要中。为实现"走出去"战略的顺利实施，鼓励民营企业积极开展对外投资活动，自 2002 年开始，商务部联合国家外汇管理局进行了一系列的改革措施，

① 资料来源：世界经济论坛发布的《2018 全球竞争力报告》。

逐渐下放管理权限，并简化了国内企业对外投资的审批程序和手续，对促进民营企业对外直接投资起到了积极的促进作用。2003 年是中国政府正式鼓励民营企业积极开展对外直接投资的一年，越来越多的中国企业开始走出国门，进军全球市场，通过参与经济全球化的方式获得提升创新能力的资源。此后，对外直接投资总额逐年递增，实现了中国对外直接投资连续 13 年的增长，年均增幅高达38.88%。尤其在全球金融危机之后，对外直接投资数额出现了大幅攀升，于 2014年首次超越实际利用外商直接投资数额，并于 2016 年达到峰值（见图 2-1）。

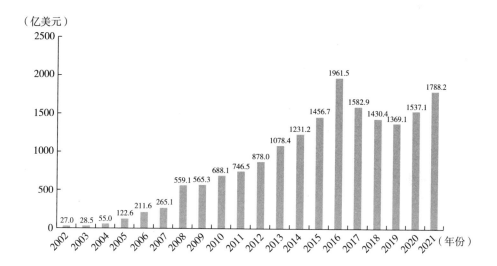

图 2-1 2002~2021 年中国双向直接投资对比

资料来源：商务部《中国对外投资合作发展报告（2022）》。

图 2-1 显示，2008 年前中国对外直接投资还相对较少，真正"走出去"的企业并不多。2007 年后相继爆发的金融危机和欧债危机导致大量海外优质资产价格下挫，很多中国民营企业在金融危机之后趁势扩张海外市场，2008 年成为我国真正的大规模企业出海的转折点。这一波国际化浪潮的主要特征是由原来以收购海外自然资源为主要目标的国际化活动逐渐转变为以技术寻求为导向向欧美等制度完善、市场成熟的发达国家和地区扩张的国际化活动。例如，中联重科收购意大利 CIFA（2008 年）、北汽收购瑞典萨博汽车相关知识产权（2009）、吉利收购瑞典沃尔沃（2010）、宁波均胜收购德国普瑞（2011，2012）、万华收购匈

牙利宝思德（2011）、三一重工收购德国普斯迈斯特（2012）、中国化工收购意大利倍耐力（2015）等。在以技术寻求为导向的对外投资活动中，跨国公司为实现其技术追赶的目的，通常将获取创新资源和构建技术能力作为其跨国经营的首要目标（Iwasa 等，2004；吴先明和胡博文，2017）。利用国际化的"跳板"，我国许多跨国企业成功实现了先进技术的集成和吸收，品牌价值的提升，海外市场渠道的获取和拓展，价值链的攀升和产业升级，企业实力得到了跨越式的增长。

2016 年之后，虽然世界经济展现出了向好的发展势头，但仍存在许多不确定、不稳定的因素，加之一些反全球化思潮涌动和中美贸易摩擦，给中国企业国际化之路带来了诸多挑战。尤其是在外向国际化过程中，由于缺乏国际化经验，加之母国与东道国之间制度距离的存在，使跨国企业难以适应东道国的环境，导致其在东道国合法性的缺失，许多以技术创新为导向的海外并购活动并未获得预想的成功。据统计，我国在所有实施跨国并购的企业中，首次并购企业占比高达70%，而这些首次实施跨国并购的企业中，90%的企业在实施跨国并购前甚至都没有在目标公司所在国投资的经验。企业海外并购的失败率通常在 50%~70%，而我国企业海外并购失败率高达 80%。[①] 由"外来者劣势""来源国劣势"所带来的合法性缺失问题对后发企业的国际化过程造成阻碍，导致无法达到预期的创新追赶效果。

第五节　新时期中国企业国际化发展困境分析

后发企业创新追赶一直是理论界与实业界关注的焦点。研究发现，当后发企业通过前期的技术引进、消化、吸收等积累过程，逐渐接近技术创新的前沿时，可能会陷入"追赶瓶颈"（Hobday，2004）。通过参与全球一体化的方式获得先进知识和技术是提升后发企业创新能力的途径之一。经济全球化加速了技术创新活动的流动性，跨国公司的出现极大地促进了创新资源在全球范围内的转移和扩散（李梅和柳士昌，2012）。国际化能够帮助本土企业获取外部的创新资源，帮助后发者迅速提高创新能力，实现技术追赶到领先的转变（Hagedoorn，1993）。

---

　　① 资料来源：中国行业研究网，http://www.chinairn.com/news/20140108/114833471.html。

因此，后发企业可以利用国际化的"跳板作用"（Luo 和 Tung，2007）实现进一步的创新赶超（吴先明等，2018）。

中国正处于经济转型的关键过渡期，核心技术创新能力仍是遏制我国创新发展的瓶颈。如何成功实现创新赶超，由"创新追赶者"向"创新领先者"转变依然是一个严峻的挑战。在国家提出"一带一路"倡议的背景下，"走出去"已经成为中国企业突破发展瓶颈的重要出路。中国政府不断加快企业对外投资的便利化速度，推动了我国企业国际化的快速发展。然而，随着我国企业国际化程度的深入，一系列国际化难题也逐渐显现。中国的跨国企业在寻求全球化经营的过程中面临着许多问题和挑战（Peng，2005），其中一个关键的问题就是如何获得并维持其在东道国经营的合法性（Kostova 和 Zaheer，1999）。在国际商务领域，基于跨国公司理论体系内的合法性问题主要源于母国与东道国间存在的制度差异（Kostova 和 Zaheer，1999）。随着新兴市场跨国公司的快速崛起和其对发达国家市场进行逆向投资的迅猛发展，该合法性问题成为国际商务领域学者关注的焦点性研究议题（Kostova 和 Zaheer，1999）。虽然国际化是后发企业获取海外核心技术的重要渠道，然而后发企业的国际化问题与发达经济体不同，由于在制度和技术上存在双重劣势，后发企业在国际化过程中往往会面临更多的来自外部环境的压力。本土的制度环境也会在一定程度上影响东道国利益相关者对跨国公司的认知和评价，限制跨国企业的国际化行为，从而影响其通过外向国际化活动促进创新的效果。因此，深入探索利用国际化战略提升本土创新能力以及在该过程中跨国公司所面临的本土市场制度环境及东道国市场的合法性问题，成为理论界与实践界关注的焦点。本书围绕"制度理论视角下的后发企业国际化战略与创新"这一核心研究主题，特别引入新制度理论中的合法性，对制度工具在后发企业国际化过程中的作用机制展开分析，并进一步将本书的研究问题划分为三个子研究问题：

（1）母国制度环境约束下的国际化战略与创新——基于合法性的视角。中国企业所掀起的国际化浪潮实际上是在政府从"引进来"到"走出去"的相关政策推动下实现并进一步加强的。因此，中国企业的国际化战略是否对本土创新能力的提升具有促进作用，以及在不同经济技术发展水平的国家进行投资所获得的东道国创新资源溢出效益对本土创新能力提升作用的差异都是值得深入研究的。尤其在制度转型背景下，中国政府在市场中的行政干预行为虽然逐渐减小，但仍然在某些领域中主导经济的发展模式并直接或间接地干预企业的市场行为。例如，改革开放以来，中国政府在推动本土企业国际化经营方面制定了一系列的促进政策。从"引进来"到"走出去"的国际化策略，无不体现中国政府在国际化战略中的推动作用。这种行为的影响可能会映射到企业的国际化过程中，赋予企业国际化与创新追赶过程新的特征。基于后发企业利用国际化"跳板"提升本土创新能力的现实情境中，由母国市场制度环境所导致的合法性问题会映射到跨国公司身上，促进或限制其在外向国际化经营过程中的绩效水平。因此，本书不仅需要了解由我国政府大力推动的国际化战略是否有助于本土创新能力的提升，还需要了解由政府涉入所带来的母国市场制度环境印记在跨国公司身上所产生的合法性问题是否会影响其通过国际化战略实现创新追赶的效果？

（2）跨国公司海外子公司视角下的合法性与东道国创新资源获取。随着新兴市场国际化扩张的迅速崛起，越来越多的中国企业实现全球化经营。企业在跨国经营过程中会面临各种挑战，必须承担经营失败所带来的损失。造成企业跨国经营过程中失败的一个主要原因是母国与东道国间存在制度差异，导致跨国公司海外子公司在东道国面临"外来者劣势"。跨国公司海外子公司同时嵌入母国与东道国两种制度环境下，需要同时满足两种情境下的合法性需求。跨国公司海外子公司既要满足由母公司集团内部的合法性要求以获得其在东道国运营的资源支持，又需要满足东道国各利益相关者的合法性要求以便更好地融入当地合作网络，从而实现其海外创新资源寻求的目标。因此，本书首先需要探索跨国公司海外子公司所获取的合法性水平是否能够促进跨国公司获取海外创新资源？进一步地，需要了解如何改善跨国公司海外子公司合法性水平？并分析不同环境下的制度差异在此过程中的影响如何？

（3）跨国公司母公司视角下的并购合法性与东道国创新资源获取。如今，对外直接投资成为当前我国企业发展的新常态。跨国并购，作为对外直接投资的主要模式之一，也是企业跨国经营的重要手段，越来越多的中国企业通过海外并购的方式快速推进其国际化战略。那么一个重要的议题就是由跨国公司母公司所实施的跨国并购在东道国的内、外部合法性水平是否会影响其在东道国的创新资源获取？此外，与传统并购案例不同，最近的国际并购浪潮出现了一种新的并购现象，即来自中国等新兴经济体的后发企业成为收购方，而来自发达经济体的领先企业成为被收购目标。由于战略性需要，中国企业跨国并购的区位选择由原来的不发达国家和地区转向欧美等制度完善、市场成熟的发达国家和地区。这种新现象的出现在现有国际商务领域文献中缺乏研究，对传统跨国并购理论提出了挑战。因此，进一步地，本书需要理解如中国这样的新兴经济体国家的跨国公司在实施"跨越性"的逆向跨国并购过程中，面对母国与东道国间较大的制度距离，应该如何克服跨国公司母公司在东道国内、外部合法性的缺失？以及内、外部合法性在整个并购过程中的相对重要程度是怎样的？

第三章 基于合法性视角下的中国企业国际化与创新发展战略

  政府政策是新兴经济体后发跨国公司掀起国际化浪潮的重要推手。以往研究证实了影响企业国际化的动因、国际化模式的选择以及国际化模式对经济绩效的影响（Johanson 和 Vahlne，1977；Dunning，1988；Mathews，2006；Rui 和 Yip，2008；Deng，2009；Meyer 等，2009）并证实了制度层面因素在后发企业国际化行为中的影响效果（Meyer 等，2009；阎大颖等，2009；宗芳宇等，2012；Li 等，2018）。然而国际化战略是否有助于后发国家本土创新能力的提升，以及母国制度环境在该过程中的作用，现有文献鲜有研究。中国独特的转型经济环境强调母国的情境能够直接而深刻地影响企业的国际化行为及结果（Buckley 等，2018）。而且中国特殊的制度环境导致各地区在制度发展上具有广泛的差异性，从而形成次国家层面的区域制度环境，使得其为研究制度环境在国际化与本土创新能力提升中的作用提供了合适的研究土壤。因此，本书首先基于我国省际面板数据，在宏观层面上探究我国国际化战略在本土创新绩效提升方面的作用，并进一步探究母国市场制度环境在这一过程中的影响。

第一节 理论分析与研究假设

  企业的外向国际化行为意味着其在母国之外的全球市场参与经济活动，主要包括贸易出口、对外投资等。在过去的 20 年里，我们目睹了新兴市场企业出口贸易和对外直接投资（OFDI）的显著增长，以及在技术创新方面的迅速进步（Luo 和 Tung，2007）。尽管国际化能够为企业创造有效学习机会的观点已在学术界得到了共识，但已形成的理论和发现大多基于发达经济体企业的背景。在新兴经济体背景下，对这种外向国际化方式与创新之间的关系以及宏观层面的制度环境在此过程中的影响仍然缺乏充分的关注（Piperopoulos 等，2018）。

一、贸易出口与本土创新能力

与其他国际化方式相比，贸易出口具有相对较低的承诺成本和风险，也不需要复杂的管理技能（Cassiman 和 Golovko，2011），所以贸易出口通常是新兴经济体企业实施国际化战略的首选模式（Luo 和 Tung，2007）。有形商品的交换通常会带来无形知识的转移和扩散。贸易出口活动可以为后发企业提供接触和获取国外先进知识的机会，成为组织学习的一个有效的手段（Salomon 和 Jin，2010）。在出口学习的过程中，外国进口商可能会转让相关生产技术、质量和成本控制措施以及竞争产品等方面的知识和信息（Wu 等，2007）。从外国进口商获取的技术和市场相关知识可以帮助新兴经济体的出口企业改善和提高相应的产品生产技术，克服后来者面临的创新方面的主要障碍，通过出口学习促进新兴市场出口国的产品创新（Li 等，2010）。通过这一过程积累的知识对后发企业从出口企业向具有创新能力的制造企业转型起到了至关重要的作用（Mathews，2002）。此外，在出口过程中，出口商不仅能够利用海外技术，而且可以成功地实现将所学海外知识与当地知识结合起来形成多元化的知识库（Xie 和 Li，2018）。研究者发现拥有更多样化知识组合的公司往往会在研发上投入更多，提交更多专利申请，并发布更多的创新成果（Srivastava 和 Gnyawali，2011）。基于此，我们提出如下假设：

假设 1：贸易出口对提升本土创新能力具有正向的促进作用。

二、对外直接投资与本土创新能力

关于外向国际化的另一个主要渠道——对外直接投资（OFDI），后发国家与传统的发达国家在这一投资方式的动因和模式上具有显著的区别。Child 和 Rodrigues（2005）、Mathews（2006）等认为，中国企业并不是利用现有的竞争优势推动其对外投资活动，而恰恰相反的是中国企业期望利用对外投资的机会提升其技术能力和国际化竞争优势。研究发现，首先，实施对外直接投资有助于新兴经济体国家跨国公司克服技术创新的路径依赖性并允许其摆脱母国本土欠发达的制度环境对组织学习及创新能力积累的束缚（Piperopoulos 等，2018）。通过合资企业和战略联盟的方式进行学习可以帮助新兴经济体跨国企业与东道国技术领先企业和机构建立网络关系（Luo 和 Tung，2007）并积累国际化经验和研发资源，从而为其通过对外直接投资进行国际间学习奠定了基础（Piperopoulos 等，2018）。Wu 等（2017）指出，新兴市场跨国公司在参与对外直接投资以增强其创新能力过程中，通常通过知识寻求和知识整合两个阶段实现创新能力的获取和积累。在知识寻求阶段，新兴市场跨国公司可以通过积极学习和获取外国市场的知识的途径反哺本土的创新能力。例如，许多来自中国的跨国公司通过采用风险水平较高的跨越式国际化行为，如收购发达国家技术领先企业（Luo 和 Tung，2007）以获取战略性资产弥补自身的竞争劣势（Rui 和 Yip，2008），或是基于劳动力市场的流动性特征，直接在东道国建立研发基地，通过劳动力市场直接雇用当地高质量技术人才，从而提升其创新能力（Luo 和 Tung，2007；Kafouros 等，2008）。其次，对外直接投资具有反向知识转移效应（Yang 等，2008；Rabbiosi，2011），是新兴经济体跨国公司进行知识寻求和组织学习的重要载体。对外投资可以帮助后发跨国公司接触和吸收到分散在全球范围内的有关科技发展方面的创意和专业知识（Kafouros 等，2012）。后发跨国公司可以通过对外直接投资的机会和渠道获取东道国市场知识和技术的溢出效益，从而提升创新能力（Spencer，2008；Zhang 和 Li，2010）。在知识整合阶段，新兴市场的跨国公司可以通过人员交换的方式促进母子公司间的人员流动，从而将子公司的隐性知识和复杂的知识整合到企业现有的知识库中，进而提高其知识产权水平（Kogut 和 Zander，1993）。此外，新兴经济体跨国公司也可以通过整合来自东道国的供应商、客户以及分销商的知识和创意以增强其组织学习和创新能力（Wu 等，2017；Piperopoulos 等，2018）。例如，在东道国市场，因为当地客户复杂多变的需求会迫使跨国公司进行不断的改进和创新。通过此过程，跨国公司可以提高它们的组织学习能力（Rabbiosi 等，2012）。综上所述，提出如下假设：

假设 2：对外直接投资对提升本土创新能力具有正向的促进作用。

三、母国制度环境对国际化战略与本土创新能力的调节

与发达经济体相比，新兴经济体更倾向于采用发展型模式来促进其创新能力（Sun 和 Cao，2018）。作为一个典型的新兴经济体国家，中国正处于从"中央计划经济"向"市场经济驱动"的经济制度体制改革过程中，制度管制与市场开

放并存是当下我国市场发展的特性。在此背景下，我国既具有对全球市场的开放性，同时政府部门在部分社会经济发展过程中仍发挥着指导性的干预行为，对各个地区的营商环境具有十分重要的影响。新制度经济学认为正式的制度在缓解市场失灵，减少风险和缓解信息复杂性等方面起到关键的作用（Williamson，2000）。根据国家创新系统理论（Nelson，1993）和"政府—产业—研究机构"三螺旋理论（Etzkowitz 和 Leydesdorff，2000），政府都被视为创新能力的决定性因素之一（Wang，2018）。在后发者追赶理论中，政府干预被视为一个影响后发者追赶进程的重要因素（Guennif 和 Ramani，2012）。研究者认为政府干预能够为后发者的技术追赶开启一个"机会之窗"（Perez 和 Soete，1988），如果后发者在"机会之窗"开启期间能够抓住机遇，配合以积极的反应，就有机会超越在位的领导者，成为行业领先企业（Lee 和 Malerba，2017）。虽然政府的重要性被普遍接受，但目前关于企业与政府的关联对企业创新的影响以及政府在后发企业追寻创新过程中应该如何发挥作用仍然存在争议（Wang，2018）。例如，一方面，有学者认为，获得政府部门认可的企业有利于提升其合法性（张建君和张志学，2005；卫武，2006），更容易被市场中其他利益相关者所接受和认可（邓新明等，2014）。拥有政治合法性的企业更容易获得独占性资源用以支撑企业开展创新活动（蔡新蕾等，2013）。另一方面，也有学者提出相反的结论，例如，袁建国等（2015）发现，政治关联加剧了企业的粗放式发展，降低市场竞争、助长过度投资，从而阻碍企业的创新活动。然而当我们将关注点锁定在国际化情境下时会发现，发达经济体国家制度的高度同构化意味着传统发达经济体国家企业国际化活动的研究缺乏有关类如政府干预等制度层面影响因素的考虑（魏江和赵齐禹，2019）。中国独特的转型经济环境强调母国的情境能够直接而深刻地影响企业的国际化行为及结果（Buckley 等，2018）。例如，制度的变化和改革改善了中国特定的区位优势，然而这种区位优势并没有在全国范围内推广，其中最为明显的就是中国经济特区的建立。由于中国特殊的制度环境导致各地区无论在技术经济发展程度，还是在制度发展上均具有一定的差异性，这使其为研究制度环境在国际化与本土创新能力提升中的作用提供了合适的研究土壤。

研究发现，政府参与程度的差异可能在企业内部产生强制性、规范性和模仿性的压力，影响其资源的使用，并影响新兴市场跨国公司投资海外的意愿和能力（Peng 等，2008；Wang 等，2012）。一方面，中国企业与政府间保持一定的关系

$$\ln Patent_{i(t+1)} = \delta_0 + \delta_1 \ln SOFDI_{it} + \delta_2 \ln ABC_{it} + \delta_3 \ln Iv_{it} + \delta_4 \ln Mkt_{it} + \delta_5 \ln Fin_{it} + \lambda_i + \mu_t + \xi_{it}$$

$$(3-5)$$

$$\ln Patent_{i(t+1)} = \delta_0 + \delta_1 \ln SOFDI_{it} + \delta_2 \ln Gov\text{-}Mkt_{it} \times \ln SOFDI_{it} + \delta_3 \ln Gov\text{-}Mkt_{it} +$$
$$\delta_4 \ln ABC_{it} + \delta_5 \ln Iv_{it} + \delta_6 \ln Mkt_{it} + \delta_7 \ln Fin_{it} + \lambda_i + \mu_t + \xi_{it} \qquad (3-6)$$

在式（3-1）~式（3-6）中，α_0、β_0 和 δ_0 表示常数项；α_i、β_i 和 δ_i 表示各项系数；$\ln Patent_{i(t+1)}$ 表示被解释变量，即历年各省及直辖市发明专利的授权数量的一期滞后项；$\ln Exp_{it}$ 和 $\ln OFDI_{it}$ 分别表示历年各省及直辖市贸易出口额和非金融类对外直接投资额流量，作为两类国际化活动的测量指标；$\ln Gov\text{-}Mkt_{it}$ 表示政府与市场的关系，作为市场自由化程度的测量指标，$\ln Gov\text{-}Mkt_{it} \times \ln Exp_{it}$ 和 $\ln Gov\text{-}Mkt_{it} \times \ln OFDI_{it}$ 则分别表示市场自由化程度作为调节变量分别与贸易出口和对外直接投资的交互项；$\ln SOFDI_{it}$ 表示通过 $OFDI$ 渠道获取的东道国创新资源溢出；$\ln Gov\text{-}Mkt_{it} \times \ln SOFDI_{it}$ 表示市场自由化程度与创新资源溢出的交互项；$\ln ABC_{it}$、$\ln Iv_{it}$、$\ln Mkt_{it}$、$\ln Fin_{it}$ 分别表示控制变量吸收能力、固定资产投资率、市场开放度和金融发展水平；λ_i 和 μ_t 分别表示各省及直辖市的个体效应和时间效应；ξ_{it} 表示随机扰动项。

二、变量选取

（一）因变量

本土创新能力（Inn）。以往的学者通常将国家知识产权局授予的专利数量作为创新绩效的代理指标（Jaffe，1989；Iwasa 和 Odagiri，2004）。我国的专利包括三种类型，其中发明专利是国际公认的能够反映自主知识产权的核心指标，代表产品、服务或改进的技术解决方案；而实用新型专利则代表在一定程度上对技术服务进行改进的创新，也是对产品结构的一种实用建议（Lew 和 Liu，2016）。根据专利的新颖性和衡量标准的差异，发明专利通常作为技术上更为激进的创新的衡量指标（Beneito，2006）。因此遵循以往学者的操作，本章因变量的测量指标选用各省及直辖市历年的发明类专利授权数量数据来表示本土创新能力。发明类专利授权数量越多，表示该省总体创新能力越强。发明类专利授权数量数据来自中国国家知识产权局历年发布的《国家知识产权局统计年报》，由于专利数据存在的滞后性，同时为了处理因变量与自变量之间的因果关系，本研究中的因变量测量指标采用滞后一年的专利授权数据代替。

（二）自变量

本章第一部分的自变量包括两类常见的国际化行为，分别采用 2003～2017 年各省及直辖市历年贸易出口额和非金融类对外直接投资流量两个指标代表（Exp 和 OFDI），数据均来自于 Wind 数据库。而关于第二部分对外直接投资过程中的创新资源溢出效益，本部分采用获得国外研发资本存量作为衡量技术创新资源溢出效益的代理指标，数据来源于《年度中国对外直接投资统计公报》、世界银行数据库和 UNCTAD 数据库。因为中国企业以技术寻求为导向的大规模出海行为主要发生在 2008 年金融危机之后，考虑到样本的代表性及可获得性，本章第二部分根据 2008～2014 年历年《中国对外直接投资统计公报》中我国对外投资情况，选取对外直接投资主要流向的十二个发展中国家作为向发展中国家投资渠道获取技术创新资源的来源地，同时选取对外直接投资主要流向的十二个发达国家作为向发达国家投资渠道获取技术创新资源的来源地。

为了准确测算各省及直辖市通过对外直接投资渠道获取的技术创新资源，第一步需要先计算出我国整体从样本国家获得的研发资本存量，借鉴 Potterie 和 Lichtenberg（2001）的做法，其计算如式（3-7）所示：

$$SOFDI_t = \sum \frac{OFDI_{it}}{GDP_{it}} \times S_{it} \tag{3-7}$$

其中，$SOFDI_t$ 表示第 t 年我国从东道国通过对外直接投资所获取的技术创新资源溢出，$OFDI_{it}$ 表示第 t 年我国对 i 国的对外直接投资的资本存量，GDP_{it} 代表第 t 年 i 国的生产总值，S_{it} 表示第 t 年 i 国的研发资本存量。其中，中国对各国的对外直接投资的资本存量数据取自中华人民共和国商务部对外投资和经济合作司历年发布的《中国对外直接投资统计公报》；跨国企业所投资的东道国历年的生产总值来源于 UNCTAD 数据库；由于无法直接获取各国历年研发资本存量的估算，因此在测算各国历年研发资本存量时，本书采用 Goldsmith（1951）所提出的计算方法，如式（3-8）所示：

$$S_{it} = (1-\delta) \times S_{i,t-1} + RD_{it} \tag{3-8}$$

该方法是将各个阶段的资本流量进行逐年折算并累加，是经合组织成员国普遍使用的计算方法，被称为永续盘存法。在式（3-8）中，RD_{it} 表示第 i 个国家第 t 年的研发支出。因为没有该指标的直接数据来源，采用基于世界银行数据库

表 3-1　变量选取及来源

	变量	测量指标	数据来源
因变量	本土创新能力	发明专利授权数量	国家知识产权局
自变量	国际化水平	贸易出口金额	Wind 数据库
		非金融对外直接投资	
		东道国创新资源溢出	《年度中国对外直接投资统计公报》 世界银行数据库 UNCTAD 数据库
调节变量	市场自由化程度	政府与市场关系	《中国市场化指数》
控制变量	吸收能力	研发投入强度	《中国科技统计年鉴》
	固定资产投资率	全社会固定资产投资占 GDP 比重	国家统计局
	市场开放度	国家级经济技术开发区数量	商务部网站
	金融发展水平	非国有企业贷款比重	《中国金融年鉴》

第三节　数据分析与研究结果

一、数据分析与假设检验

（一）描述性统计与相关系数矩阵

首先，对收集到的数据进行描述性统计，并列出相关系数矩阵，如表 3-2 所示，由于个别变量间具有显著的相关关系，因此，我们进一步通过检验各模型中所有变量的方差膨胀因子（VIF）以排除潜在的多重共线性问题（各模型 VIF 值见表 3-3~表 3-6 各模型底部）。其次，经计算发现，各模型中所有变量的 VIF 值及整体模型的均值均远小于 10，说明各模型变量间不存在严重的多重共线性问题。

表 3-2　描述性统计和相关系数矩阵

变量	均值	标准差	1	2	3	4	5	6	7	8
Inn	7.210	1.660	1							

续表

变量	均值	标准差	1	2	3	4	5	6	7	8
ABC	1.360	1.050	0.68*	1						
Iv	0.650	0.240	0.04	-0.26*	1					
Mkt	4.240	4.440	0.63*	0.23*	0.17*	1				
Fin	0.930	0.710	-0.02	0.15*	0.08	-0.01	1			
Exp	14.13	1.700	0.85*	0.55*	-0.18*	0.64*	-0.05	1		
OFDI	9.610	2.580	0.83*	0.47*	0.24*	0.58*	0.08	0.74*	1	
Gov-Mkt	6.790	1.750	0.21*	0.28*	-0.64*	0.08	-0.09	0.45*	0.00	1

注：*表示10%的显著水平。

（二）面板单位根检验

传统的计量模型要求所采用的变量均要具有平稳性，而现实中的大部分数据都存在非平稳性的特征，从而在一定程度上对回归结果的可靠性和有效性产生影响。为了避免模型中出现伪回归现象，需要利用面板单位根对模型中的各变量进行平稳性检验。目前，关于面板单位根的检验有多种方法，为提高检验结果的信度，根据本书面板数据特点，同时运用目前被广泛使用的同质单位根检验 LLC 法和异质单位根检验 IPS 法和 Fisher 法进行检验，具体检验结果如表 3-3 所示。

表 3-3 面板数据单位根检验

变量		LLC 检验	IPS 检验	Fisher-ADF
Inn	原始结果	-12.22*** (0.0000)	-2.10 (0.3857)	124.57*** (0.0000)
Inn	一阶差分	-39.57*** (0.0000)	-12.41*** (0.0000)	237.92*** (0.0000)
吸收能力（ABC）	原始结果	-5.58*** (0.0000)	-1.37 (0.8229)	21.98 (1.0000)
吸收能力（ABC）	一阶差分	-25.31*** (0.0000)	-2.54*** (0.0056)	202.11*** (0.0000)

续表

变量		LLC 检验	IPS 检验	Fisher-ADF
固定资产投资率（Iv）	原始结果	−18.31 *** (0.0000)	−2.33 ** (0.0358)	132.29 *** (0.0000)
	一阶差分	−24.25 *** (0.0000)	−9.39 *** (0.0000)	452.52 *** (0.0000)
市场开放度（Mkt）	原始结果	−15.35 *** (0.0000)	−2.69 *** (0.0000)	148.22 *** (0.0000)
	一阶差分	−86.58 *** (0.0000)	−10.32 *** (0.0000)	268.75 *** (0.0000)
金融发展水平（Fin）	原始结果	−25.76 *** (0.0000)	−3.06 ** (0.0223)	165.98 *** (0.0000)
	一阶差分	−34.74 *** (0.0000)	−18.21 *** (0.0000)	415.20 *** (0.0000)
贸易出口水平（Exp）	原始结果	−32.11 *** (0.0000)	−4.36 *** (0.0019)	529.07 *** (0.0000)
	一阶差分	−19.60 *** (0.0000)	−9.38 *** (0.0000)	451.97 *** (0.0000)
对外直接投资（OFDI）	原始结果	−17.23 *** (0.0000)	−2.90 *** (0.0003)	182.53 *** (0.0000)
	一阶差分	−120.00 *** (0.0000)	−26.56 *** (0.0000)	374.42 *** (0.0000)
技术创新资源溢出（SOFDI）（adv）	原始结果	−17.23 *** (0.0000)	−2.90 *** (0.0003)	182.53 *** (0.0000)
	一阶差分	−120.00 *** (0.0000)	−26.56 *** (0.0000)	374.42 *** (0.0000)
SOFDI（dev）	原始结果	−17.23 *** (0.0000)	−2.90 *** (0.0003)	182.53 *** (0.0000)
	一阶差分	−120.00 *** (0.0000)	−26.56 *** (0.0000)	374.42 *** (0.0000)
Gov-Mkt	原始结果	−6.24 *** (0.0000)	−1.70 * (0.0506)	30.65 (0.9994)
	一阶差分	−35.83 *** (0.0000)	−14.08 *** (0.0000)	405.16 *** (0.0000)

注：* 表示10%的显著水平、** 表示5%的显著水平、*** 表示1%的显著水平。

从表3-3结果可知，除LLC检验结果均显著拒绝原假设，IPS检验和Fisher-ADF检验均有部分变量未能通过特征根检验，说明原始数据平稳性存在一定的问题。随后，对所有变量进行一阶单位根检验，结果均在1%水平上拒绝原假设，说明所有变量经过一次差分后平稳，满足同阶单整的条件，可以进行面板协整检验。

（三）面板协整检验

由于模型中各变量经过面板单位根检验之后存在非平稳序列，为确保各变量的线性组合具有稳定均衡关系，需对原序列进行面板协整检验。本书分别采用Kao检验法、Pedroni检验法和Westerlund检验法进行协整检验（见表3-4），模型中的估计系数代表了变量间的长期关系。

表3-4　面板数据协整检验结果

检验方法	Kao 检验	Pedroni 检验	Westerlund 检验
测量指标	ADF	ADF	Variance ratio
模型 1	−3. 9178*** (0. 0000)	−5. 4957*** (0. 0000)	1. 6289* (0. 0517)
模型 2	−3. 8167*** (0. 0000)	−6. 3036*** (0. 0000)	2. 9206*** (0. 0017)
模型 3	−3. 6920*** (0. 0000)	−5. 6164*** (0. 0000)	3. 1226*** (0. 0009)
模型 4	−6. 0374*** (0. 0000)	−12. 2115*** (0. 0000)	3. 4747*** (0. 0003)
模型 5	−5. 7294*** (0. 0000)	−6. 8908*** (0. 0000)	4. 2192*** (0. 0000)
模型 6	−4. 8890*** (0. 0000)	−58. 8775*** (0. 0000)	8. 2209*** (0. 0000)
模型 7	−3. 9363*** (0. 0000)	−5. 9880*** (0. 0000)	9. 4728*** (0. 0000)
模型 8	−4. 4288*** (0. 0000)	−5. 9880*** (0. 0000)	9. 4728*** (0. 0000)
模型 9	−7. 1351*** (0. 0000)	−18. 6836*** (0. 0000)	10. 4770*** (0. 0000)

注：*表示10%的显著水平、**表示5%的显著水平、***表示1%的显著水平。

通过表 3-4 中 Kao 检验的 ADF 指标、Pedroni 检验的 ADF 指标和 Westerlund 检验的 Variance ratio 指标检验结果显示,各回归模型的残差是平稳的,表明模型通过了面板数据协整检验,各变量具有长期稳定的均衡关系,在此基础上进行回归的结果是准确的。

(四) 面板回归结果分析

关于面板数据回归模型的选择,首先进行 Wald 检验,检验结果通过显著性检验,拒绝了混合面板估计的原假设,说明应该选择固定效应(FE)检验模型。其次再进行 LR 检验,其结果同样通过显著性检验,说明应该选择随机效应(RE)检验模型,拒绝使用混合面板估计的原假设。最后进行 Hausman 检验,检验结果均显著拒绝原假设,表明应选择固定效应检验模型对国际化与本土创新能力及市场自由化程度的调节作用进行回归,回归结果见表 3-5。模型 1 是只包含所有控制变量的模型。从结果可以看到,吸收能力、固定资产投资率、市场开放度各变量均在 1% 水平上显著正相关,而金融发展水平在 10% 水平上显著正相关。说明重视研发投入和固定资产投资,对本土创新能力的提升均有促进作用。市场开放度越高,越有利于企业获取例如信息、知识及技术等外部资源溢出,从而提高其创新绩效。金融发展水平越高,表示企业在外部市场融资越方便,相应的融资成本越低,投入到研发活动中的资金越多,从而促进企业的创新产出。模型 2 和模型 3 分别是引入了贸易出口水平和对外直接投资两类国际化代理变量的回归结果,结果显示贸易出口水平在 1% 水平上与本土创新能力显著正相关,而对外直接投资在 10% 水平上与本土创新能力显著正相关,因此假设 1 和假设 2 得到支持。模型 4 和模型 5 是分别引入了市场自由化程度作为调节变量及其分别与贸易出口水平和对外直接投资之间的交互项对本土创新能力的回归结果,结果显示,贸易出口水平与市场自由化程度的交互项在 10% 水平上与本土创新能力正相关,而对外直接投资与母国市场制度自由化程度的交互项在 1% 显著水平上与本土创新能力正相关。因为市场自由化的测量指标政府与市场关系是负向指标,数值越大,说明政府干预市场程度越小,市场制度的自由化程度越高。因此模型 4 和模型 5 的结果说明政府对市场的干预程度越小,越有利于地方企业利用国际化活动提升其本土创新的能力,假设 3 和假设 4 得到支持。

表 3-5　国际化与本土创新及母国市场制度的调节作用固定效应模型回归结果

变量	模型 1	模型 2	模型 3	模型 4	模型 5
吸收能力 （ABC）	0.40 *** (0.06)	0.36 *** (0.06)	0.40 *** (0.06)	0.45 *** (0.05)	0.42 *** (0.06)
固定资产投资率 （Iv）	0.70 *** (0.11)	0.44 *** (0.10)	0.66 *** (0.11)	0.42 *** (0.10)	0.71 *** (0.10)
市场开放度 （Mkt）	0.03 *** (0.01)	0.03 *** (0.01)	0.03 *** (0.01)	0.03 *** (0.00)	0.02 *** (0.01)
金融发展水平 （Fin）	0.09 * (0.05)	0.14 *** (0.05)	0.07 (0.05)	0.13 *** (0.05)	0.05 (0.05)
市场制度自由化程度 （Gov-Mkt）				−0.14 *** (0.02)	−0.15 *** (0.02)
贸易出口水平 （Exp）		0.28 *** (0.04)		0.28 *** (0.03)	
对外直接投资 （OFDI）			0.02 * (0.01)		0.01 (0.01)
Exp×Gov-Mkt				0.01 * (0.01)	
OFDI×Gov-Mkt					0.02 *** (0.00)
年份和省份	控制	控制	控制	控制	控制
常数项	4.85 *** (0.10)	1.36 *** (0.46)	4.73 *** (0.12)	2.17 *** (0.45)	5.79 *** (0.19)
样本量	450	450	450	450	450
调整后的 R^2	0.950	0.957	0.951	0.961	0.956
F 值	453.85 ***	502.72 ***	433.99 ***	506.52 ***	443.08 ***
VIF 均值	1.41	2.29	1.85	2.34	2.02

注：括号内为具体系数的估计标准误，*、***分别表示10%、1%的显著水平。

表 3-6 是关于技术创新资源溢出效益与本土创新及市场自由化程度调节作用的固定效应模型回归结果，模型 6 的作用效果与上文一致。模型 7 和模型 8 是分别检验向发展中国家和发达国家投资获取的技术创新资源溢出对本土创新能力提升的影响，其中模型 7 中技术创新资源溢出效应回归结果系数为正，但并不具有显著性。模型 8 中技术创新资源溢出效益在 1%显著性水平上与本土创新能力正

相关,说明在向发展中国家进行投资所获取的创新资源溢出并不具备促进本土创新能力提升的效果,而向发达国家投资所获得的创新资源的逆向溢出效益显著提升本土创新能力。模型9是加入调节变量后检验母国市场制度环境调节效果的回归结果,发现市场自由化程度与向发达国家投资所获得的创新资源溢出的交互项在5%水平上显著正相关,说明市场自由化程度越高,从发达国家获取的技术创新资源溢出对提升本土创新能力的效果越好。

表3-6 技术创新资源逆向溢出效应与本土创新关系及母国市场制度的
调节作用的固定效应模型回归结果

变量	发展中国家		发达国家	发达国家
	模型 6	模型 7	模型 8	模型 9
吸收能力 (ABC)	0.65***	0.64***	0.56***	0.36**
	(0.16)	(0.16)	(0.16)	(0.17)
固定资产投资率 (Iv)	2.08***	2.06***	1.80***	1.65***
	(0.23)	(0.24)	(0.24)	(0.24)
市场开放度 (Mkt)	0.05***	0.05***	0.05***	0.04***
	(0.01)	(0.01)	(0.01)	(0.01)
金融发展水平 (Fin)	0.63***	0.61***	0.46***	0.56***
	(0.16)	(0.17)	(0.17)	(0.16)
技术创新资源溢出 (SOFDI)		0.01	0.08***	0.07***
		(0.03)	(0.03)	(0.02)
市场制度自由化程度 (Gov-Mkt)				-0.15***
				(0.04)
SOFDI×Gov-Mkt				0.03**
				(0.01)
年份和省份	控制	控制	控制	控制
常数项	4.36***	4.30***	4.01***	5.42***
	(0.21)	(0.27)	(0.23)	(0.43)
样本量	210	210	210	210
调整后的 R^2	0.735	0.733	0.748	0.770
F 值	153.01***	121.83***	131.17***	105.13***
VIF 均值	1.22	1.42	1.47	1.73

注:括号内为具体系数的估计标准误,**和***分别表示5%和1%的显著水平。

（五）稳健性分析

关于稳健性检验，一方面采用更换变量的方式，另一方面选用更加稳健的回归模型。

首先，在对母国市场制度环境在国际化与本土创新关系中的调节效应的研究中，本书主要关注中国独特的制度情境下由政府干预所产生的制度环境问题，因此主要采用与政府干预所对立的市场自由化程度作为对国际化与本土创新能力间关系的调节变量，所选用的测量指标是来自《中国市场化指数》中关于政府与市场关系指标。在中国，国有企业通常被视为母国政府的代理人，政府掌握其所有权和控制权，因此，国有企业的行为会体现出一定的政治目的，从而引起东道国利益相关者对于其合法性的担忧。许多研究以国有企业的数量或国有资本的比例来代表国家或政府对于企业甚至社会经济的管控（Li 等，2017；Li 等，2019）。因此我们选用《中国市场化指数》中的另一个测量指标——非国有经济发展，替换政府与市场关系作为市场自由化程度的测量指标进行稳健性检验。此外在方法上，根据 Hausman（1978）检验结果，我们采用了固定效应模型分析，然而该检验的局限是原假设成立的条件是建立在同方差假设情境下，即 OLS 是最有效率的。当扰动项存在异方差时，则 OLS 并非最有效的估计量。因此，采用同时考虑存在异方差、序列相关和截面相关问题的稳健性估计模型再次进行回归检验，结果见表 3-7。由表中结果可见，采用新的调节变量测量指标并选用消除异方差、序列相关和截面相关的稳健型回归估计模型的检验结果中，各主要变量的影响效果并没有发生改变，假设 1-4 通过稳健性检验。

表 3-7　国际化与本土创新及母国市场制度的调节作用

稳定型固定效应模型回归结果

变量	模型 10	模型 11	模型 12	模型 13	模型 14
吸收能力 （ABC）	0.40*** （0.08）	0.36*** （0.06）	0.40** （0.08）	0.26*** （0.05）	0.25*** （0.05）
固定资产投资率 （Iv）	0.70*** （0.10）	0.44*** （0.11）	0.66*** （0.11）	0.59*** （0.12）	0.80*** （0.13）
市场开放度 （Mkt）	0.03*** （0.00）	0.03*** （0.00）	0.03*** （0.00）	0.02*** （0.00）	0.02*** （0.00）

续表

变量	模型 10	模型 11	模型 12	模型 13	模型 14
金融发展水平（Fin）	0.09 (0.09)	0.14 (0.08)	0.07 (0.08)	0.16 (0.10)	0.07 (0.07)
市场制度自由化程度（Non-state）				-0.07*** (0.02)	-0.03* (0.02)
贸易出口水平（Exp）		0.28*** (0.03)		0.31*** (0.03)	
对外直接投资（OFDI）			0.02** (0.01)		0.04*** (0.01)
Exp×Non-state				0.02* (0.01)	
OFDI×Non-state					0.01*** (0.00)
年份固定效应	控制	控制	控制	控制	控制
省份固定效应	控制	控制	控制	控制	控制
常数项	4.85*** (0.14)	1.36*** (0.39)	4.73*** (0.11)	1.34*** (0.41)	4.89*** (0.12)
样本量	450	450	450	450	450
调整后的 R^2	0.956	0.962	0.956	0.963	0.958
F 值	4291.23***	978.41***	575.49***	3921.63***	1281.70***
VIF 均值	1.41	1.70	1.54	2.05	1.78

注：括号内为具体系数的估计标准误，*、** 和 *** 分别表示 10%、5% 和 1% 的显著水平。

其次，在关于东道国创新资源溢出效益对本土创新能力提升的检验中，在计算境外研发资本存量时，式中的折旧率取值我们借鉴已有文献将其取值为 5%。而另有一部分学者认为，知识的经济生命周期要短于物质资本，所以研发资本存量的折旧率通常要高于物质资本存量的折旧率。因此，部分学者将折旧率取值为 10%（Bitzer 和 Kerekes，2008）和 15%（Kim 和 Lee，2004）。因此，我们分别采用 10% 和 15% 的折旧率水平再次进行境外研发资本存量的计算，并将结果重新代入回归模型，采用稳健型估计模型进行回归，结果发现解释变量的影响效果与原统计结果基本一致（具体结果见表 3-8、表 3-9），因此，假设 5 和假设 6 均通过稳健性检验。

表 3-8　技术创新资源逆向溢出效应与本土创新关系及母国市场制度的调节作用的

稳定型固定效应模型回归结果（折旧率为 10%）

变量	发展中国家		发达国家	发达国家
	模型 15	模型 16	模型 17	模型 18
吸收能力 （ABC）	0.65 ***	0.64 ***	0.57 ***	0.36 ***
	（0.07）	（0.07）	（0.08）	（0.10）
固定资产投资率 （Iv）	2.08 ***	2.03 ***	1.81 ***	1.65 ***
	（0.39）	（0.41）	（0.46）	（0.42）
市场开放度 （Mkt）	0.05 ***	0.05 ***	0.05 ***	0.04 ***
	（0.01）	（0.01）	（0.01）	（0.01）
金融发展水平 （Fin）	0.63 ***	0.59 ***	0.46 ***	0.57 ***
	（0.12）	（0.12）	（0.10）	（0.10）
技术创新资源溢出 （SOFDI）		0.02	0.08 ***	0.07 **
		（0.01）	（0.02）	（0.03）
市场制度自由化程度 （Gov-Mkt）				−0.15 **
				（0.06）
SOFDI×Gov-Mkt				0.03 ***
				（0.01）
年份固定效应	控制	控制	控制	控制
省份固定效应	控制	控制	控制	控制
常数项	4.36 ***	4.29 ***	4.06 ***	5.46 ***
	（0.33）	（0.32）	（0.26）	（0.52）
样本量	210	210	210	210
within R^2	0.7767	0.7773	0.7891	0.8095
F 值	55.83 ***	100.23 ***	494.77 ***	2045.38 ***
VIF 值	1.22	1.43	1.47	1.73

注：括号内为具体系数的估计标准误，** 和 *** 分别表示 5% 和 1% 的显著水平。

表 3-9　技术创新资源逆向溢出效应与本土创新关系及母国市场制度的调节作用的

稳定型固定效应模型回归结果（折旧率为 15%）

变量	发展中国家		发达国家	发达国家
	模型 19	模型 20	模型 21	模型 22
吸收能力 （ABC）	0.65 ***	0.64 ***	0.57 ***	0.36 ***
	（0.07）	（0.07）	（0.08）	（0.10）

变量	发展中国家		发达国家	发达国家
	模型 19	模型 20	模型 21	模型 22
固定资产投资率 （Iv）	2.08*** （0.39）	2.09*** （0.39）	1.81*** （0.46）	1.65*** （0.42）
市场开放度 （Mkt）	0.05*** （0.01）	0.05*** （0.01）	0.05*** （0.01）	0.04*** （0.01）
金融发展水平 （Fin）	0.63*** （0.12）	0.63*** （0.12）	0.46*** （0.10）	0.57*** （0.10）
技术创新资源溢出 （SOFDI）		−0.01 （0.01）	0.08*** （0.02）	0.07** （0.03）
市场制度自由化程度 （Gov-Mkt）				−0.15** （0.06）
SOFDI×Gov-Mkt				0.03*** （0.01）
年份固定效应	控制	控制	控制	控制
省份固定效应	控制	控制	控制	控制
常数项	4.36*** （0.33）	4.39*** （0.32）	4.09*** （0.26）	5.48*** （0.52）
样本量	210	210	210	210
within R^2	0.7767	0.7767	0.7889	0.8094
F 值	55.83***	68.82***	495.79***	2061.85***
VIF 值	1.22	1.41	1.46	1.73

注：括号内为具体系数的估计标准误，**和***分别表示5%和1%的显著水平。

综上所述，总体检验结果具有稳健性。

二、研究结果

随着我国国际化战略逐步从"引进来"向"走出去"转移，企业出海经营实践迅猛发展，外向国际化活动在提升本土创新能力方面的作用优势逐渐显现。通过本章的研究结果发现，无论是以贸易出口这种初级化的国际化方式，还是以对外直接投资的方式均能够有效促进本土创新能力的提升；通过对我国对外投资目的国的进一步划分和归类，发现相比于投资发展中国家，向发达国家进行投资所获得的创新资源溢出正向促进本土创新能力的提升；而母国的市场自由化程度在上述外向国际化活动对本土创新能力的提升过程中均具有正向的调节作用。当政府对市场的干预越小，表明市场自由化程度越高，越有利于企业利用国际化战略提升本土创新的促进效果。最终得出如表3-10的假设检验结果的汇总。

表3-10　研究假设内容与检验结果

假设	内容	结论
假设1	贸易出口对提升本土创新能力具有正向的促进作用	支持
假设2	对外直接投资对提升本土创新能力具有正向的促进作用	支持
假设3	市场自由化程度正向调节贸易出口与本土创新能力的关系	支持
假设4	市场自由化程度正向调节对外直接投资与本土创新能力的关系	支持
假设5	相比于投资发展中国家，投资发达国家所获得的创新资源溢出正向促进本土创新能力的提升	支持
假设6	市场自由化程度在创新资源溢出效益与创新能力提升间具有正向的调节效应	支持

第四节　讨论：母国制度环境的作用机制分析
——基于合法性的视角

　　本章关于母国制度环境的研究主要侧重于讨论转型经济背景下，我国不同地区政府干预程度的差别所造成的制度环境上的差异。这种制度上的差异会在我国企业利用国际化的"跳板"追求本土创新能力提升过程中产生影响。对于本章的研究结果，本书引入根植于制度理论中的合法性概念对母国制度环境在国际化与本土创新能力间的作用机制进行分析和解释，以更好地理解中国企业国际化的独特特征。

　　根据定义，合法性是指"在一个由规范、价值观、信念和定义所建构的社会体系内，一个实体的行为被认为是合意的、正当的或合适的普遍性感知或假设"（Suchman，1995）。它强调的是一种感知和认知层面上的态度和判断，即跨国公司的国际化行为在多大程度上被利益相关者认为是合适的或满足需要的。对外来企业合法性的建构结果将影响东道国利益相关者对其相应的态度和行为反馈。如果东道国利益相关者对外来企业的国际化行为产生合法性的担忧，那么就会对跨国企业的国际化过程产生阻碍。根据制度同构理论，组织所处的场域中存在同构行为（DiMaggio 和 Powell，1983）。企业为了生存和发展，通常会遵从地方商业或制度环境的要求，在行为上与其保持一致。而根据组织印记理论，组织在过去环境中的经验会对其随后的结构和行为产生持久的影响，即使组织的环境已经发生了变化（Zhang 等，2016）。因此，地方的制度环境会在嵌入其中的企业身上留下"印记"。由政府干预程度不同导致的制度环境的差异会造成不同环境内企业行为规范上的差异，进而在国际化过程中引发东道国利益相关者对其合法性感知和判断的差异。例如，在政府干预程度强的地区，企业与政府之间的连接会更强，企业会带有更多政府的印记，其组织结构和行为模式可能带有更多的官僚主义色彩。尤其是拥有国有资产背景的跨国企业，往往会被东道国利益相关者视为母国政府的代理人，引发其合法性的担忧，从而加强对该企业国际化行为的监督和审查（Li 等，2017）；此外，一方面，企业在政府干预较强的地区可能会获得更多的政府补贴，从而在一定程度上违背东道国关于自由市场的原则，导致东道国利益相关者对其合法性认知的降低（Li 等，2017）；另一方面，政府干预强的地区，企业会受到更多的制度约束，对政府的依赖度更高，导致企业活力降低，缺乏市场竞争意识，同样在满足市场规范性等方面的意识较弱，在进行国际化的过程中可能会发生更多的违规行为，引发合法性危机。合法性的重要性在于它是跨国企业用以"获取其他资源的重要资源"（Zimmerman 和 Zeitz，2002）。合法性的缺失必然会阻碍跨国公司获取海外创新资源，从而影响其通过国际化的方式实现创新追赶的目标。

综上所述，地区制度环境的差异会映射到跨国企业身上，从而引发东道国利益相关者在与其合作的过程中产生合法性认知及评价上的差异，影响其在东道国的创新资源获取能力，进而对其通过国际化经营反哺国内母公司，提升本土创新能力的过程产生影响。

第四章　跨国公司海外子公司视角下的合法性与东道国创新资源获取

相比于母国制度环境约束在中国企业国际化活动中的影响，当企业进行外向国际化时，由于要在环境陌生的东道国进行相关的经营活动，必然会面临更加复杂的"外来者劣势"等一系列问题。合法性的缺失是"外来者劣势"的一个重要来源，跨国公司海外子公司所面临环境的复杂性和不确定性使其合法性问题尤为关键。在实际运营过程中，跨国公司海外子公司不仅要获得其母公司和其他分、子公司的认可和接受（内部合法性），还需获得在东道国从事相关生产经营活动的合法性（外部合法性）（Chan 和 Makino，2007）。积极推进对外直接投资企业的合法性水平不仅有利于其在东道国的生存和发展，更对其在跨国经营过程中获取技术创新资源具有一定的促进作用。因此，本章主要以跨国公司海外子公司为研究对象，首先，在第一节中，采用问卷调查的实证检验方式，研究海外子公司的内、外部合法性对海外创新资源获取的影响。其次，在第二节中，以理论推演的方式提出改善跨国公司海外子公司内、外部合法性的一种方式以及外部制度环境差异在此过程中的影响。

第一节　跨国公司海外子公司合法性与海外创新资源获取

一、理论分析与研究假设

虽然跨国公司内部的知识转移至关重要，但如今跨国公司总部不再是整个集团内部新技术产生的唯一来源。受益于东道国知识溢出效益，位于东道国的海外子公司在获取创新资源方面发挥了更为积极的作用（Schmidt 和 Sofka，2009）。跨国公司海外子公司的核心作用在于它们有能力接触到东道国本地的专业知识库，并能够获得和利用东道国先进的技术和市场信息（Almeida 和 Phene，2004）。有能力将这些外部动力成功转化为内部创新的海外子公司能够为整个跨国公司创造巨大的竞争潜力（Birkinshaw 和 Hood，1998）。然而，由于存在"外来者劣势"（Zaheer，1995），在跨文化和存在社会壁垒的情况下管理这些创新资源的流动具有较高的挑战（Lord 和 Ranft，2000）。因为对外直接投资虽然在一定程度上缩短了与东道国间的空间距离，但当跨国公司试图在东道国寻找有价值的创新资源时，如法律、文化、社会、认知等一系列外部环境因素上的差异所形成的阻碍作用将变得十分明显（Al-Laham 和 Amburgey，2005）。

首先，东道国政府对外国子公司的认可在很大程度上会决定该子公司未来的生存和发展。正如 Sanyal 和 Guvenli（2000）的研究发现，海外子公司的绩效受到与东道国政府关系质量的影响。如果东道国政府对该子公司存在偏见或认知偏差，那么会直接影响到该公司在东道国的运营及技术寻求性活动。相反，若跨国公司海外子公司获得了良好的政府认可，则有利于其在东道国的发展和提升。

其次，东道国的供应商和客户均是跨国公司海外子公司重要的知识来源，只有当两者在认知上对海外子公司的存在赋予较高的合法性水平时，才有利于其向海外子公司进行知识溢出活动。反之，在东道国缺乏合法性和声誉可能会阻碍子公司通过与供应商和客户建立良好的关系，不利于其获得两者的知识溢出效益。此外，跨国公司海外子公司在东道国相关社交网络中必要的嵌入性有利于其获得东道国社会公众及其他非政府组织机构的认可，从而有利于其开展技术寻求型经济活动。基于上述分析，提出本章的假设1如下：

假设1：跨国公司海外子公司外部合法性能够促进其海外创新资源的获取。

跨国公司与海外子公司之间的网络可以被视为促进知识流动的渠道（Kogut 和 Zander，1993），跨国公司通过与海外子公司之间进行人际交流等活动可以获得海外创新资源的逆向流动，一样享受到东道国创新资源的溢出效益。同样，跨国公司也可以通过与海外子公司之间的内部关系网络，向其海外子公司提供相应的资本和资源（Kostova 和 Roth，2003）。海外子公司内部合法性水平越高，说明被母公司和其他分公司、子公司的认可度越高，越容易获得它们的支持以及相应的知识、经验等资源的共享（Kostova 和 Zaheer，1999）。由此，海外子公司拥有充沛的资源和资本，一方面，可以有效学习和吸收到其他海外子公司成功或失败的经验，从而避免相似的问题发生在自己身上；另一方面，获得总部的资本支持有利于其在东道国开发相应的关系网络，与当地先进企业建立合作关系；或在当地建立研发中心，雇佣当地技术人才，从而通过直接或间接的方式获取海外创新资源。基于此，我们提出本章的假设 2：

假设 2：跨国公司海外子公司内部合法性能够促进其海外创新资源的获取。

关于组织合法性的讨论，由于其授予者具有多样性，所以不同类的组织合法性彼此之间的关系也具有一定程度的多样性。这些合法性之间有时是彼此强化，即满足一种合法性要求可能会促进另一种合法性的获取；但有时也是彼此矛盾，即获得某一种合法性可能会削弱另一种合法性获取的能力。在国际化情境下，由于海外子公司在跨国经营过程中需要同时适应母国和东道国的双重制度环境，母国与东道国之间存在的制度距离会导致海外子公司需要同时面对多种合法性要求。当跨国公司海外子公司所在的当地环境的外部规则和规范与跨国公司的内部规则和规范发生冲突时，就会导致跨国公司海外子公司面对外部合法性要求与内部合法性要求之间相对立的压力（Chan 和 Makino，2007），即跨国公司海外子公司与内部利益相关者增强合法性和与外部利益相关者增强合法性之间存在潜在冲突，从而面临建立或维持其内、外部组织合法性的困难和挑战（Kostova 和 Zaheer，1999；Xu 和 Shenkar，2002）。为获得来自母国利益相关者（包括母公司和其他分、子公司）的认可与支持，海外子公司需要满足母国相关制度层面的约束，而由于母国与东道国间存在的制度距离导致遵从母国相关制度约束下的行为又难以获得东道国利益相关者的认可。所以跨国公司通常很难同时获得外部合法性和内部合法性（Lu 和 Xu，2006）。因此，对于跨国公司海外子公司而言，提高内部合法性与外部合法性之间存在潜在的冲突，满足其外部合法性需求的行为可能会使其失去集团内部的认可和相应的资源支持；而满足内部合法性需求的行为可能会负向影响其外部利益相关者对其合法性的判断，从而影响其海外创新资源的获取。

综上所述，提出本章假设 3 如下：

假设 3：跨国公司海外子公司内部合法性与外部合法性的交互作用负向影响其对海外创新资源的获取能力。

二、研究方法

（一）数据收集

本节旨在探索跨国公司海外子公司内、外部合法性与海外创新资源获取之间的关系，故采用问卷调查的方法获取一手数据进行实证检验，调查对象为有海外业务的中国跨国公司。因为跨国公司国际化业务属于组织决策层管理范畴，因此本研究调查样本均为对投资及海外子公司有所了解的企业的管理层人员，包括基层管理者、中层管理者和高层管理者。

关于问卷的设计，在与有关专家、学者进行了反复的论证之后，形成了问卷的初稿。在问卷正式发放之前，首先，通过预调查的方式发放了 50 份初始问卷，对研究问题进行小规模的预检验。其次，对回收问卷量表效果进行分析和检验，并以此结果作为问卷内容进一步修改的依据。通过不断地修改及调整，得到合适有效的测量量表，并生成最终的正式问卷。最后通过电话、微信、电子邮件及网络样本服务陆续发放问卷，共发放问卷 349 份，回收有效问卷 179 份，问卷回收率为 51.3%。

（二）变量测量

本节研究中各变量测量均基于问卷调查中收集到的一手数据。问卷中对于各变量测量的题目是在借鉴以往学者的文献并在与相关专家学者讨论之后所确定的题项。

1. 关于跨国公司海外子公司合法性变量的测量

根据合法性研究的相关文献，跨国公司海外子公司外部合法性是指东道国政府、供应商、客户、社会公众和社会团体及机构对其存在和运营的认可与支持程度（Chan 和 Makino，2007；Dacin 等，2007）；而内部合法性主要围绕其母公司和其他分、子公司的认可。因此围绕这几个方面，在借鉴以往研究的基础上设定该变量测量的各题项内容，各题项均采用 7 点李克特量表法度量，具体见表 4-1。

表 4-1 海外子公司合法性变量测量量表内容及来源

题序	量表内容
	外部合法性
1	东道国政府对贵公司海外子公司的认可程度
2	东道国主要供应商对贵公司海外子公司的认可程度
3	东道国主要客户对贵公司海外子公司的认可程度
4	东道国社会公众对贵公司海外子公司的认可程度（如当地媒体的态度和反应）
5	东道国重要的社会团体和机构对贵公司海外子公司的认可程度（例如，当地工会组织、行业协会、环保组织、非政府部门等）
	内部合法性
1	贵公司母公司对海外子公司的认可程度
2	贵公司其他分公司对海外子公司的认可程度
3	贵公司其他子公司对海外子公司的认可程度

注：题目内容来源参考：Perrow（1961）、Chan 和 Makino（2007）、Dacin 等（2007）、乐琦（2010）。

2. 关于海外创新资源获取变量的测量

资源获取是资源依赖理论中的重要概念，创新资源获取通常用来表示企业从外部环境中获取创新资源的程度。根据本研究需要，本书将重点放在海外创新资源获取上，参考资源获取相关文献中的测量方法（曹红军等，2009；Wu，2010），分别就海外创新资源获取的渠道、数量、质量和成本几个方面进行测量。各题项均采用 7 点李克特量表法度量，具体量表内容如表 4-2 所示。

表 4-2 海外创新资源获取变量测量量表内容及来源

题序	量表内容
	海外创新资源获取
1	该项投资完成后，我公司能够通过更多的渠道接触并获得东道国的创新资源
2	该项投资完成后，我公司能够在东道国获得更多的创新资源
3	该项投资完成后，我公司能够在东道国获得更高质量的创新资源
4	该项投资完成后，我公司能够以更低的成本获得东道国的创新资源

注：量表题目内容来源参考：曹红军等（2009）、Wu（2010）。

3. 关于资源相似性变量的测量

根据资源基础理论，跨国公司母、子公司间在资源上产生协同效应是实现资源有效整合的关键。Palich 等（2000）在研究跨国并购时发现，主并企业与被并购企业所处行业相似性越大，即双方在技术、产品、市场及核心能力上的相似性越高，越可能通过规模经济、资源共享和减少冗余的方式实现协同效应。而这种协同效应有助于跨国公司通过海外子公司在东道国获取母公司所需的创新资源。关于本变量的测量依然采用 7 点李克特量表法度量，具体量表内容如表 4-3 所示。

表 4-3　资源相似性测量量表

资源相似性	
题序	量表内容
1	我们公司与对方公司在产品上具有相似的属性
2	我们公司与对方公司具有相似的目标市场
3	我们公司与对方公司在所应用的技术上具有相似性

注：量表题目内容来源参考：Das 和 Teng（2000）、Yu 等（2016）。

（三）样本基本特征描述

对回收的有效问卷进行描述性统计分析，样本基本特征情况主要通过受访者职位、企业规模、企业年龄、企业类型和所属行业等指标展现，主要说明各变量的频数和百分比情况，以描述样本的构成，具体情况如表 4-4 所示。

表 4-4　有效样本基本特征描述性统计

样本特征		样本量	百分比（%）
受访者职位	基层管理者	48	26.8
	中层管理者	112	62.6
	高层管理者	19	10.6
企业规模	50 人以下	2	1.1
	50~100 人	13	7.3
	101~300 人	33	18.4
	301~500 人	37	20.7
	501 人及以上	94	52.5

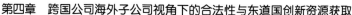

续表

样本特征		样本量	百分比（%）
企业年龄	5 年以下	4	2.2
	5~10 年	41	22.9
	11~20 年	76	42.5
	21 年及以上	58	32.4
企业类型	国有企业	55	30.7
	民营企业	124	69.3
企业所属行业	传统制造业	52	29.1
	生产性服务业	24	13.4
	高科技产业	103	57.5

在本研究的 179 个有效问卷调查样本中，在受访者方面，包括 48 位"基层管理者"（26.8%）和 19 位"高层管理者"（10.6%），而"中层管理者"人数最多，为 112 位（62.6%）；在企业规模方面，只有 15 家企业（8.4%）的员工人数在 100 人以下，共 70 家企业（39.1%）的员工在 100~500 人，而员工在 500 人以上的企业有 94 家（52.5%）；在企业年龄分布方面，有 4 家企业（2.2%）成立年限在 5 年以内，41 家企业（22.9%）成立年限在 5~10 年，76 家企业（42.5%）成立年限在 11~20 年，58 家企业（32.4%）成立年限在 20 年以上；在企业类型方面，在 179 家样本企业中，55 家（30.7%）为"国有企业"，124 家（69.3%）为"民营企业"；在企业行业分布方面，有 52 家（29.1%）属于"传统制造业"，24 家（13.4%）属于"生产性服务业"，103 家（57.5%）属于"高科技产业"。

（四）同源偏差检验

基于问卷调查收集到的数据具有同源性，由此而产生的共同方法偏差在一定程度上会影响问卷检验的效度。为检验同源偏差问题，本研究首先对内部合法性、外部合法性、创新资源获取和资源相似性各变量实施 Harman 单因子检验，结果如表 4-5 所示，第一因子的方差贡献率为 29.135%，不超过 40%，表明所收集的数据中并不存在单一因子解释大部分变异量的情况，说明各变量间有良好的区分效度，数据同源偏差问题并不严重。

表 4-5　同源偏差检验

成分	初始特征值			提取平方和载入		
	合计	方差百分比（%）	累计百分比（%）	合计	方差百分比（%）	累计百分比（%）
1	4.370	29.135	29.135	4.370	29.135	29.135
2	1.720	11.469	40.603	1.720	11.469	40.603
3	1.522	10.143	50.747	1.522	10.143	50.747
4	1.222	8.148	58.894	1.222	8.148	58.894
5	0.975	6.498	65.392	4.370	29.135	29.135
6	0.803	5.355	70.747	1.720	11.469	40.603
7	0.652	4.345	75.092			
8	0.631	4.208	79.300			
9	0.612	4.081	83.381			
10	0.580	3.869	87.250			
11	0.475	3.166	90.416			
12	0.450	3.002	93.418			
13	0.360	2.399	95.817			
14	0.335	2.234	98.051			
15	0.292	1.949	100.000			

提取方法：主成分分析。

（五）信度检验

本书采用量表的内部一致性系数 Cronbach's α 值、校正的项总计相关性（Corrected Item-Total Correlation）和项已删除的 Cronbach's α 值（Cronbach's Alpha if Item Deleted）对回收的有效问卷中各量表问题项进行信度检验。其中内部一致性系数表示个体在量表中的测定得分与所有可能询问项目的测定得分的相关系数的平方，即该量表能获得真实分数的能力。Cronbach's α 值越大，说明内部一致性程度越高，即该量表获得真实分数的能力越强。通常认为 Cronbach's 的值达到 0.60 以上，表明各量表的内部一致性信度可以接受；若系数值低于 0.60，则不能接受。另外，校正的项总计相关性一般不能低于 0.30，若系数值在 0.50 以上，被认为是具有良好的可靠性。本书通过 SPSS 20.0 对回收的调查问卷数据进行检验，获得测量量表的内部一致性系数 Cronbach's α 值、校正的项总计相关性以及项已删除的 Cronbach's α 值（见表 4-6）。

表4-6 各测量变量的信度检验结果（N=179）

测量变量	题项	Corrected Item-Total Correlation	Cronbach's Alpha if Item Deleted	Cronbach's Alpha
外部合法性	1	0.406	0.686	0.710
	2	0.354	0.703	
	3	0.403	0.686	
	4	0.624	0.590	
	5	0.554	0.623	
内部合法性	1	0.473	0.749	0.738
	2	0.574	0.639	
	3	0.648	0.547	
海外创新资源获取	1	0.587	0.646	0.736
	2	0.498	0.694	
	3	0.547	0.666	
	4	0.494	0.701	
资源相似性	1	0.668	0.594	0.762
	2	0.560	0.723	
	3	0.559	0.719	

从表4-6中可以看到，各测量变量的量表题项总体 Cronbach's Alpha 系数均大于 0.7；从校正的项总计相关性系数（Corrected Item-Total Correlation）来看，其最小值为外部合法性变量中的第 2 个题项，值为 0.354，其余各测量变量的系数值均在 0.4 以上。此外，各个测量变量的所有量表题项已删除的 Cronbach's α 值均小于所对应测量变量的总体 Cronbach's α 值。

综上所述，本问卷中的各测量变量具有较好的信度水平。

（六）效度检验

效度检验主要是通过对各测量变量的所有量表题项进行因子分析，以分析各量表题项能准确且有效测出所需测量的指标。由于本书所使用的量表题项均来自现有文献的成熟量表，具有较高的内容效度和校标效度。因此，本部分采用验证性因子分析的方式对各变量的效度进行检验。效度检验之前，一般先进行 KMO（Kaiser-Meyer-Olkin）检验和 Bartlett 的球形检验以检验测量变量的各题目是否适合做因子分析。其中，KMO 指标是一个 0~1 的数值。该项指标越接近 1，说明测量变量的各量表题项之间的相关性越大，越适合对测量变量做因子分析；而当 KMO 检验的结果趋于 0 时，说明测量变量的各量表题项之间的相关性越小，该测量变量不宜用于因子分析。在实际检验中，KMO 统计量在 0.7 以上，说明效果较好；当 KMO 统计量在 0.5 以下时，此时不适合应用因子分析法。在 KMO 检验值通过后，再结合 Bartlett 的球形检验统计量确认是否对该测量变量进行因子分析。当近似卡方的观测值较大时，且对应的 p 值小于给定的显著性水平，则认为原有变量适合做因子分析；否则，则认为不宜再对原有测量变量进行因子分析。表 4-7 至表 4-14 是对各测量变量的效度检验过程及结果。

1. 海外子公司外部合法性

首先，对海外子公司外部合法性变量进行检验，从表 4-7 可以看出，KMO 的检测值为 0.913，且 Bartlett 的球形检验统计量的近似卡方观测值为 2296.44，相应的 p 值近似为 0，小于 1% 的显著性水平。因此，原有变量适合做因子分析。

表 4-7   海外子公司外部合法性 KMO 和 Bartlett 球形检验

取样足够度的 Kaiser-Meyer-Olkin 度量		0.913
Bartlett 的球形检验	近似卡方	2296.44
	df	55
	Sig.	0.000

其次，对该变量进行因子分析，采用选取主成分法进行因子提取，并设置特征根大于 1 作为提取的标准。由表 4-8 因子分析结果显示，"因子分析初始解"一栏，所有的提取值均大于 0.9，说明各题目间的共同度较高，绝大多数信息可以被一个因子解释，信息丢失较少。在"因子解释的总方差"一栏中可以看到，提取 1 个因子可以解释所有题目总方差的 99.248%，累计方差的贡献率为 99.248%。从"因子载荷矩阵"中可以看到 5 个题目在第一个因子上的载荷非常高，意味着 5 个题项与外部合法性变量的相关性非常高。因此，表明对海外子公司外部合法性变量的测量通过了验证性因子分析，具有较高的收敛效度。

表4-8　海外子公司外部合法性因子分析结果

| 因子分析初始解 | | | 因子解释的总方差 | | | | | | | 因子载荷矩阵 |
| | | | 初始特征值 | | | 提取平方和载入 | | | | |
	初始	提取	成分	合计	方差百分比（%）	累计百分比（%）	合计	方差百分比（%）	累计百分比（%）	成分1
1	1.000	0.994	1	4.962	99.248	99.248	4.962	99.248	99.248	1　0.997
2	1.000	0.992	2	0.014	0.289	99.538				2　0.996
3	1.000	0.992	3	0.011	0.214	99.751				3　0.996
4	1.000	0.992	4	0.007	0.135	99.866				4　0.996
5	1.000	0.994	5	0.006	0.114	100.00				5　0.997

2. 海外子公司内部合法性

表4-9是对海外子公司内部合法性的 KMO 和 Bartlett 的球形检验结果，其中 KMO 值为0.648，意味着可以勉强对该变量进行因子分析，而从 Bartlett 的球形检验的结果来看，其 p 值近似为 0，小于 1% 的显著性水平，可以实施接下来的因子检验。

表4-9　海外子公司内部合法性 KMO 和 Bartlett 的球形度检验

取样足够的 Kaiser-Meyer-Olkin 度量		0.648
Bartlett 的球形检验	近似卡方	125.942
	df	3
	Sig.	0.000

同上，表4-10是以主成分法对海外子公司内部合法性进行因子检验的结果。由结果可知，因子解释的总方差为 65.721%，各题项的因子载荷都大于0.7，意味着该变量通过了验证性因子检验。

表4-10　海外子公司内部合法性因子分析结果

| 因子分析初始解 | | | 因子解释的总方差 | | | | | | | 因子载荷矩阵 |
| | | | 初始特征值 | | | 提取平方和载入 | | | | |
	初始	提取	成分	合计	方差百分比（%）	累计百分比（%）	合计	方差百分比（%）	累计百分比（%）	成分1
1	1.000	0.546	1	1.972	65.721	65.721	1.972	65.721	65.721	1　0.739

因子分析初始解			因子解释的总方差						因子载荷矩阵
			初始特征值			提取平方和载入			
	初始	提取	成分	合计	方差百分比（%）	累计百分比（%）	合计	方差百分比（%）	累计百分比（%）	成分1
2	1.000	0.676	2	0.642	21.388	87.109				2	0.822
3	1.000	0.749	3	0.387	12.891	100.00				3	0.865

3. 海外创新资源获取

表4-11 是对海外创新资源获取的 KMO 和 Bartlett 的球形检验结果，其中 KMO 值为 0.764，且 Bartlett 的球形检验统计值显著，表明可以对海外创新资源获取变量的数据进行因子分析。

表 4-11 海外创新资源获取 KMO 和 Bartlett 的球形检验

取样足够的 Kaiser-Meyer-Olkin 度量		0.764
Bartlett 的球形检验	近似卡方	144.783
	df	6
	Sig.	0.000

表4-12 是对海外创新资源获取变量进行因子分析的结果。同上，按照特征根大于1的标准提取一个成分，解释的总方差为56.270%，各题项的因子载荷均大于0.7，说明海外创新资源获取变量的各量表题项通过验证性因子分析，具有较高的收敛效度。

表 4-12 海外创新资源获取因子分析结果

因子分析初始解			因子解释的总方差						因子载荷矩阵
			初始特征值			提取平方和载入			
	初始	提取	成分	合计	方差百分比（%）	累计百分比（%）	合计	方差百分比（%）	累计百分比（%）	成分1
1	1.000	0.630	1	2.251	56.270	56.270	2.251	56.270	56.270	1	0.793
2	1.000	0.522	2	0.655	16.381	72.652				2	0.722

续表

因子分析初始解			因子解释的总方差						因子载荷矩阵	
			初始特征值			提取平方和载入				
	初始	提取	成分	合计	方差百分比（%）	累计百分比（%）	合计	方差百分比（%）	累计百分比（%）		成分1
3	1.000	0.586	3	0.586	14.662	87.341				3	0.766
4	1.000	0.507	4	0.507	12.686	100.00				4	0.716

4. 资源相似性

表4-13是对资源相似性的 KMO 和 Bartlett 的球形检验结果，其中 KMO 值为 0.671，但 Bartlett 的球形检验统计值显著，同上，表明可以勉强对该变量进行因子分析。

表4-13　资源相似性 KMO 和 Bartlett 的球形度检验

取样足够的 Kaiser-Meyer-Olkin 度量		0.671
Bartlett 的球形检验	近似卡方	139.734
	自由度	3
	显著性水平	0.000

表4-14是对资源相似性变量进行因子分析的结果。同上，因子解释的总方差为 67.978%，各题项的因子载荷均大于 0.7，说明资源相似性变量的测量量表各题项通过验证性因子检验。

表4-14　资源相似性因子分析结果

因子分析初始解			因子解释的总方差						因子载荷矩阵	
			初始特征值			提取平方和载入				
	初始	提取	成分	合计	方差百分比（%）	累计百分比（%）	合计	方差百分比（%）	累计百分比（%）		成分1
1	1.000	0.757	1	2.039	67.978	67.978	2.039	67.978	67.978	1	0.870
2	1.000	0.639	2	0.575	19.153	87.131				2	0.799
3	1.000	0.643	3	0.386	12.869	100.000				3	0.802

综上所述，本研究量表设计的题项具有良好的信度和效度水平。随后，对各题项的评分取平均值，作为各变量的终值，将其代入回归方程模型，对研究假设部分进行检验，以探索跨国公司海外子公司合法性与海外创新资源获取的关系。

三、研究结果

（一）描述性统计与相关系数分析

在回归分析前，首先，对各个变量进行描述性统计分析并给出相关系数矩阵，如表 4-15 所示，解释变量间的相关系数值均不超过 0.5，意味着自变量中不会出现影响回归结果的多重共线性问题。其次，进一步对各变量进行方差膨胀因子检验（见表 4-16）。经检验，模型中各变量的容忍度均显著大于 0.1，方差膨胀因子（VIF）最大值为 1.472，远小于基准值 10，说明回归模型中各变量间不会存在明显的多重共线性的问题。

表 4-15　变量的描述性统计与相关系数矩阵

变量	均值	标准差	1	2	3	4	5	6	7	8
创新资源获取	5.53	0.77	1							
企业规模	4.16	1.04	0.004	1						
企业年龄	3.05	0.80	0.079	0.496*	1					
企业类型	0.69	0.46	-0.021	-0.246*	-0.321*	1				
投资区位	0.59	0.49	0.115	-0.046	0.010	-0.011	1			
持股比例	5.23	1.01	0.336*	0.093	-0.173*	0.007	-0.206*	1		
外部合法性	5.45	0.63	0.455*	-0.085	0.033	0.056	-0.044	0.246*	1	
内部合法性	5.65	0.66	0.284*	-0.037	0.149*	-0.094	0.033	0.301*	0.416*	1

注：N=179；＊表示变量在 0.05 水平（双侧检验）显著相关。

表 4-16　共线性诊断

变量	容差	VIF
企业规模	0.708	1.413
企业年龄	0.679	1.472
企业类型	0.870	1.150
投资区位	0.941	1.063

变量	容差	VIF
持股比例	0.774	1.292
资源相似性	0.843	1.186
内部合法性	0.741	1.350
外部合法性	0.789	1.268

（二）回归分析与假设检验

以海外创新资源获取为因变量建立回归模型，首先纳入全部控制变量构建基础模型1。随后为检验跨国公司海外子公司内、外部合法性对其获取海外创新资源的影响，本研究分别在模型1的基础上引入外部合法性变量构建模型2，加入内部合法性变量构建模型3。最后将内、外部合法性变量的交互项加入到模型4中以检验海外子公司内、外部合法性对海外创新资源获取的交互效应。分别采用强制进入法（enter）对模型1~模型4进行回归检验，各模型中均控制了行业变量，具体的回归结果如表4-17所示。

表4-17 跨国公司海外子公司内、外部合法性与海外创新资源获取回归分析结果

	模型1	模型2	模型3	模型4
企业规模	0.003	0.033	0.018	0.034
企业年龄	0.032	-0.003	0.008	-0.011
企业类型	-0.057	-0.087	-0.040	-0.089
投资区位	0.256**	0.275***	0.241**	0.275***
持股比例	0.181***	0.137**	0.149**	0.134**
资源相似性	0.254***	0.200***	0.233***	0.198***
外部合法性		0.439***		0.432***
内部合法性			0.182**	0.033
内部×外部				-0.087
行业	控制	控制	控制	控制
常数项	3.035***	1.135***	2.294***	1.042*
R^2	0.237	0.352	0.257	0.355
F统计量	6.597***	10.191***	6.506***	8.348***

注：N=179；*、**和***分别表示10%、5%和1%的显著水平。

模型 1 是只添加了控制变量的回归结果，F 统计量为 6.597（p<0.01），R^2 为 0.237，说明回归模型总体拟合度较好，但只解释了海外创新资源获取的 23.7% 的变动。从模型 1 中各变量回归系数和显著性可以发现，投资区位与海外创新资源获取显著正相关（β=0.256，p<0.05），说明在发达国家建立子公司对于获取海外创新资源具有显著的正向作用。同时跨国公司对海外子公司的持股比例也与创新资源获取显著正相关（β=0.181，p<0.01），说明跨国公司持股比例越高，对海外子公司控制权越大，越有利于跨国公司利用海外子公司达成自身的战略需求和发展目标，包括通过海外子公司进行海外创新资源的收集和获取。另外，母子公司间的资源相似性会增加母子公司间的协同效应，从而正向促进创新资源的获取（β=0.254，p<0.01）。而其他几个控制变量，包括企业规模、企业年龄和企业类型对创新资源的获取在本研究结果中并没有体现出显著的影响效果。

模型 2 中引入了海外子公司外部合法性变量，该模型 F 统计量为 10.191（p<0.01），R^2 为 0.352，解释了海外创新资源获取中 35.2% 的变动，相比于模型 1 提高了 11.5%。从回归结果发现，海外子公司在东道国的外部合法性显著正向影响跨国公司海外创新资源的获取（β=0.439，p<0.01），说明在东道国获得良好的外部利益相关者的支持和认可有助于跨国公司通过子公司获取东道国当地的创新资源。假设 1 得到支持。

模型 3 中引入了海外子公司内部合法性变量，模型 F 统计量为 6.506（p<0.01），解释了海外创新资源获取中 25.7% 的变动，相比于模型 1 仅提高了 2%。从回归结果发现，内部合法性对跨国公司的海外创新资源获取也具有一定程度的促进效果（β=0.182，p<0.05），说明跨国公司母公司和其他分、子公司对海外子公司的认可和支持水平较高有利于为海外子公司提供其所需要的资源，以帮助其获取东道国创新资源。假设 2 得到支持。

模型 4 引入了海外子公司内部合法性与外部合法性的交互项，然而从结果来看，模型 F 统计量 8.348（p<0.01），R^2 为 0.355。虽然内、外部合法性交互项与海外创新资源获取呈负相关关系，但并没有获得统计上的显著性，因此假设 3 并没有得到支持。而且从全模型结果来看，相比于获取跨国公司内部合法性，海外子公司的外部合法性对获取海外创新资源的正向促进作用更加显著。

第二节　制度落差、社会资本与跨国公司海外子公司合法性

　　跨国公司海外子公司获得内、外部合法性有利于提升创新资源的获取。然而，跨国公司在东道国建立和维持合法性非常困难，这是因为它们需要同时在多个国家运营，这些国家拥有不同的制度环境和文化体系，对组织合法性的认知也不同。组织的复杂性、环境的不确定性和多元性以及企业实现合法性过程中的模糊性都增加了跨国公司海外子公司获得并维持合法性的难度（Kostova 和 Zaheer，1999；Kostova 等，2008）。因此探究影响跨国公司海外子公司合法性的提升机制具有重要的理论意义和现实价值。Meyer 和 Peng（2005）、Kostova 等（2008）、Yamakawa 等（2008）以及 Child 和 Marinova（2014）指出，要突破制度理论的界限，将其与其他理论相结合来研究企业跨国经营问题。回顾文献，社会资本，作为一项重要的组织资源，能够为跨国企业在海外经营活动中提供一定的支持并降低跨国经营过程中所需的一部分成本，并且能够将组织合法性视为其社会绩效（Ahn 和 Park，2018）。因此，社会资本是跨国公司海外子公司建立合法性的重要条件之一。本小节引入社会资本理论，将制度理论与社会资本理论相结合来分析跨国公司海外子公司合法性的影响机制。

　　组织合法性指的是利益相关者对其存在和行为是否合适、满足需求的一种认知。基于授予合法性主体的视角，跨国公司海外子公司面对的合法性一般包括两个方面，即内部合法性和外部合法性。内部合法性是指其被跨国公司母公司及其他分、子公司接受和认可的程度；外部合法性又称为当地合法性，指的是海外子公司被东道国利益相关者接受和认可的程度（Xu 和 Shenkar，2002）。跨国公司可以被视为一个组织间网络系统，其海外子公司通常嵌入在各种内、外部联系所构成的社会网络中。一个是由跨国公司的母公司、海外分、子公司以及它们相互之间联系构成的跨国公司内部网络；另一个是由海外子公司所处东道国市场和社会关系构成的东道国外部网络。根据结构视角和关系视角下的社会资本概念，这种网络的嵌入性能够为跨国公司海外子公司带来所需的各项社会资本。根据所嵌入网络的性质不同可以将其划分为内部社会资本和外部社会资本：由嵌入于跨国

公司内部网络给海外子公司带来的资源称之为内部社会资本；由嵌入于东道国社会网络给海外子公司带来的独特资源称之为外部社会资本。跨国公司内部网络和外部网络作为其海外子公司重要的社会资本，而不同类型社会资本对跨国公司海外子公司内、外部合法性也具有不同的影响机制。

（一）内部社会资本与跨国公司海外子公司合法性

伴随企业跨国经营过程中越来越多海外子公司的建立，跨国公司内部由于股权、合作、信息共享等联系形成了内部网络。跨国公司海外子公司可以充分地利用由跨国公司内部网络所提供的内部社会资本，通过与同一母公司的其他子公司间建立紧密的联系与合作，进行频繁的交流与互动来获得所需要的信息和资源，以应对母国、母公司以及东道国环境的挑战，建立并提高内部合法性和外部合法性（Andersson 等，2002）。

一方面，跨国母、子公司间联系所带来的社会资本有利于跨国公司母公司对海外子公司的认可，从而促进其内部知识转移，而母、子公司管理者之间通过频繁联系所建立的信任关系对海外子公司获取母公司知识有正向影响（李京勋等，2012）。Fang 等（2013）通过对日本跨国公司的研究指出海外子公司与母公司紧密的联系有利于提高母公司对海外子公司的认可。Tang 和 Rowe（2012）研究指出海外子公司与母公司适度的网络关联有利于跨国公司海外子公司提高其内部合法性。

另一方面，跨国公司内部网络作为内部社会资本有利于公司内不同子公司间信息的传递和资源的共享（Andersson 等，2007），为海外子公司提供发展所需要的关键资源，并通过"合法性溢出"帮助其克服在东道国的外来者缺陷（Andersson 等，2002），提高其外部合法性。Inkpen 和 Tsang（2005）指出，跨国公司内部各分公司和子公司可以在一定程度上共享网络资源和社会资本，特别是其他分、子公司跨国经营的经验和教训能够提高海外子公司国际化战略制定的效率，进而帮助其提高外部合法性。Shaner 和 Maznevski（2011）指出，跨国公司在同一国家的各分公司和子公司间联系形成的若干个内部子网络，在促进了子公司间信息的流动与共享的同时，也提高了跨国公司海外子公司的外部合法性。基于以上分析，提出本节的命题 1a 和命题 1b 如下：

命题 1a：内部社会资本有利于跨国公司海外子公司获得内部合法性。

命题 1b：内部社会资本有利于跨国公司海外子公司获得外部合法性。

（二）外部社会资本与跨国公司海外子公司合法性

Luo 和 Tung（2007）以及 Buckley 等（2007）针对中国跨国公司的研究指出，海外子公司对东道国市场的适应能力（合法性）与东道国环境、企业的国际化经验以及企业所拥有的资本等直接相关。海外子公司在跨国经营过程中，不仅面临着东道国复杂、不确定的制度环境，而且面临其全新的、高度不确定的产业生态环境，尤其是来自新兴经济体国家的跨国公司，由于其跨国经营的经验比较缺乏，要获得东道国政府、行业组织及消费者的认可和接受需要较长时间并且面临较高难度（薛求知和李倩倩，2011）。海外子公司与东道国利益相关者的合作网络一定程度上代表着跨国公司的外部社会资本，构建外部合作网络可以影响当地利益相关者对其认知，有利于海外子公司获得所需要的信息和资源，提高知识学习能力和环境适应能力，使海外子公司更好地融入东道国环境（薛求知和李倩倩，2011）。

海外子公司嵌入于当地的社会网络中，通过在当地建立各种联系能够帮助企业获得所需要的资源、知识等（Xu 和 Meyer，2013），通过网络学习、网络反馈与网络影响等机制更快地融入东道国的环境、提高利益相关者对其评价（薛求知和侯仕军，2005），进而提高其当地合法性。因此，跨国运营过程中要通过合作逐渐建立起同东道国政府组织以及当地利益相关者的联系，搭建合作网络。跨国公司海外子公司与当地组织建立联系，并不只是作为信息共享、资源互换的渠道，更重要的目标是提高自身在当地经营的合法性。跨国公司海外子公司可以借助东道国组织的"合法性溢出"机制提升其自身的合法性水平。合法性溢出机制也揭示了合法性判断的认知过程。Haack 等（2014）指出，在行业背景下，合法性溢出是基于相似性的判断；在网络背景下，合法性溢出效应则主要是由情感过程所驱动的。跨国公司海外子公司可以通过与当地合法性程度高的企业、组织建立联系，通过"合法性溢出"来克服"外来者缺陷"，进而提高其自身的当地合法性（外部合法性）（Andersson 等，2002）。即东道国当地合作伙伴有利于跨国公司海外子公司获得当地合法性，而且合作伙伴自身在当地的合法性越高，对跨国公司海外子公司当地合法性的促进作用越大。因此跨国公司通常会选择与当地较大、历史较长的企业建立联系。另外，与东道国非政府组织间的联系也有助于海外子公司克服跨国经营过程中遇到的各种挑战，特别是对行业规则等的认识，通过提高在当地的地位来提高自身的外部合法性（Chan 和 Makino，2007）。

Marano 和 Tashman（2012）分析了与非政府机构间关系对跨国公司海外子公司合法性的促进作用。黄中伟和王宇露（2008）分析得到跨国公司海外子公司的外部社会资本可以划分为结构资本、位置资本、关系资本和认知资本四个维度，这些不同的维度都会影响当地利益相关者对其认知，进而提高其国际竞争力和当地合法性。因此，基于以上分析提出本章节的第二个命题 2 如下：

命题 2：外部社会资本有利于跨国公司海外子公司获得外部合法性。

（三）制度落差对社会资本与海外子公司合法性的调节

中国的跨国公司海外子公司通过与东道国利益相关者建立各种联系，来提高自身的外部社会资本，进而通过合法性溢出来获得东道国当地利益相关者的认可，提高自身的外部合法性。然而，母国与东道国制度环境所形成的国家层面的优势和劣势会转化为跨国公司本身的优势和劣势（Child 和 Marinova，2014）。因此，外部社会资本效用的发挥会受到母国与东道国之间制度落差的影响。当存在制度顺差的情况下，即跨国公司从较为成熟的制度环境进入制度成熟度较低的环境时，说明东道国的制度透明度、规范化程度更低，跨国公司海外子公司对其制度模式更加熟悉，例如，政府对市场及企业的干预、不完善的制度环境以及与当地利益相关者"关系"方式等，通过与当地政府部门、政府官员等建立联系，提高自身的外部社会资本，进而提高外部合法性；这些企业在先进的管理实践等方面拥有公司层面的优势，并且在经验丰富的员工的支持下，跨国公司原来的组织机制、管理模式和管理经验更容易被应用（Luo 和 Tung，2007），也更容易适应当地的环境。因此，在制度顺差的情况下，跨国公司海外子公司有机会、有能力掌握并利用与东道国利益相关者的联系，最大化外部社会资本的效用，提高自身的外部合法性。当存在制度逆差的情况下，即跨国公司从制度成熟度较低的国家跨入制度发展较为成熟的国家时，跨国公司海外子公司对东道国当地环境复杂的市场和制度环境不熟悉，更多要通过与东道国利益相关者建立联系，依靠东道国合作伙伴来熟悉、掌握东道国环境，外部社会资本效用的发挥更多受制于东道国合作伙伴。而且制度成熟市场中的"关系"作用机制与母国不同，传统的通过与东道国当地政府部门、组织等建立非正式关系以获得外部社会资本，进而提高外部合法性的效率就会大打折扣，因为成熟制度环境下必须严格遵守规范的制度约束，在一定程度上也会限制海外子公司外部社会资本效用的发挥。因此，虽然在制度逆差情况下，跨国公司海外子公司更倾向于通过建立东道国社会网络，拟通过外部社会资本提高自身的外部合法性。但是整体而言，跨国公司海外子公司与东道国利益相关者联系网络的效率相对较低，不利于外部合法性的建立和维持。因此，提出本章节的命题 3、命题 3a 和命题 3b 如下：

命题 3：制度落差在外部社会资本与海外子公司外部合法性关系间具有调节作用。

命题 3a：当存在制度顺差时，外部社会资本对跨国公司海外子公司外部合法性的正效应增强。

命题 3b：当存在制度逆差时，外部社会资本对跨国公司海外子公司外部合法性的正效应减弱。

第三节　社会资本、制度落差、海外子公司合法性与创新资源获取理论框架构建

跨国公司海外子公司的外部合法性和内部合法性均能够促进其在东道国获取相应的创新资源（假设 1 和假设 2）。相比之下，外部合法性对获取海外创新资源具有更强的促进效果。积极构建内、外部社会资本有利于跨国公司海外子公司获取相应的内、外部合法性，进而有利于其获取内、外部的创新资源。具体而言，本书将跨国公司海外子公司的社会资本划分为内部社会资本和外部社会资本；将跨国公司海外子公司合法性划分为内部合法性和外部合法性两类。根据理论分析得到，跨国公司海外子公司通过构建内部社会资本有利于其获得内部合法性和外部合法性（命题 1a 和命题 1b）；跨国公司海外子公司通过构建外部社会资本有利于其获得外部合法性（命题 2）；本书进一步在"制度距离"概念的基础上，提出不同国家制度间既存在差异，也存在优劣，即跨国公司东道国与母国间存在"制度落差"。而制度落差在外部社会资本与海外子公司外部合法性关系间具有调节作用（命题 3），即在面临制度顺差时，外部社会资本对跨国公司海外子公司外部合法性的正效应增强（命题 3a）；在面临制度逆差时，外部社会资本对跨国公司海外子公司外部合法性的正效应减弱（命题 3b）。

根据本章研究内容的结果，提炼出本章内容核心概念间的关系，构建本章研究内容的理论框架，如图 4-1 所示。

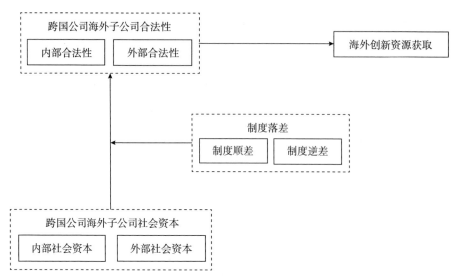

图 4-1 社会资本、制度落差、跨国公司海外子公司合法性与海外创新资源获取

第五章　跨国公司母公司视角下的并购合法性与东道国创新资源获取

2008 年之后，相继爆发的金融危机和欧债危机引发主要发达经济体资产大幅贬值，促使许多来自新兴经济体国家的企业参与到跨国并购的浪潮中并逐渐成为并购主力。关于跨国并购的研究也逐渐从以美国为代表的西方发达国家转向以中国为代表的新兴经济体国家。跨国并购并不只是直接购买技术本身，而是通过购买目标企业以获取其先进的技术研发能力以及获得接触海外创新资源的渠道，以便拥有未来创造新技术的创新潜力。跨国并购作为当前中国企业寻求技术能力快速跃升的理想途径，可以帮助后发企业更好地获得相关技术及专利资源。制度理论强调合法性对组织绩效的作用（Meyer 和 Rowan，1977；DiMaggio 和 Powell，1983）。随着跨国公司在新兴经济体的迅速崛起和它们在更发达经济体国家中直接投资的增加，它们的合法化水平变得越来越重要。合法性建设是获得潜在协同效益的必要前提（Vaara 和 Monin，2010），对于计划实施跨国并购或已经进入东道国的中国跨国公司尤为重要。在合法性缺失的情况下，它们的权利和经营业务的能力可能会有明显的局限性。这一合法性缺陷也会对跨国公司的业绩，甚至自由经营的能力产生负向影响（Rotting 和 Reus，2009）。当跨国公司在进行跨国并购时，如果受到内、外部利益相关者对其合法性的质疑，那么可能会遇到各种形式的抵制、制裁，甚至是对并购活动的直接限制（DiMaggio 和 Powell，1983）。

通常来说，母国与东道国间的制度距离越大，跨国公司越难以获得合法性（Kostova 和 Roth，2002；Ahlstrom 等，2008；Peng，2012）。企业在选择以跨国收购作为海外进入模式之前，通常会先从出口贸易活动开始，逐渐经历由参与少部分股份的合资企业向参与大部分股份的合资企业的渐进式国际化发展模式转变（Johanson 和 Vahlne，1977）。当国际化经验逐步成熟之后，再开始寻求以跨国并购作为海外进入模式在东道国寻求发展机遇。而鉴于跨国并购的高失败率，一些更为谨慎的策略是先在和母国具有较小的制度距离的国家进行并购，再逐渐拓展到制度距离较大的国家和地区（Xu 和 Shenkar，2002）。早期的国际商务领域的研究主要围绕发达国家企业的并购活动进行，而对来自新兴经济体的跨国公司（具有较低的合法性）并购来自发达经济体国家的企业（具有较高的合法性）的研究有限。与传统渐进式海外进入模式不同，在面对较大的制度距离情境下，利用国际化作为跳板直接进入并购阶段，来自中国的跨国公司正在改写传统的海外扩张模式（Kumar，2009；McCarthy 等，2016）。这一新模式与以往传统的来自发达经济体企业并购新兴经济体企业的模式不同（Shimizu 等，2004），新兴经济体国家与西方发达国家在政治、制度和文化等方面具有较大的差异。鉴于其后发者的身份以及新兴经济体的地位，中国跨国公司必须应对合法性的缺失，尤其是到发达经济体国家经营（Child 和 Rodrigues，2005；Sun 等，2012）。因此，在面临合法性缺失的问题时，来自中国的跨国公司如何获得东道国被并购子公司以及东道国其他外部利益相关者的认可对于其是否能够成功并购并整合所需的技术创新资源具有重要的战略意义。

本章聚焦于跨国并购背景下的母公司的视角，首先基于第四章中问卷调查的数据实证检验跨国公司母公司并购合法性对其获取海外创新资源的影响（本章第一节）。其次以中国跨国公司为例，将并购活动视为一个动态的战略决策和战略实施过程，通过多案例研究分析逆向跨国并购过程中，跨国公司母公司在并购前、并购中以及并购后三个阶段中内、外部合法性角色的动态变化过程（本章第二节）。

第一节　母公司视角下的跨国并购合法性与海外创新资源获取实证分析

一、数据收集和变量测量

从第四章问卷调查发放的总体问卷中筛选出通过跨国并购模式拥有海外子公司的部分数据，共获得有效问卷 89 份，用以检验跨国公司母公司视角下的并购合法性对海外创新资源获取的影响。除跨国公司母公司视角下并购合法性的量表内容，其余变量测量内容在上一章中均已列出。关于母公司视角下的合法性量表内容同样根据已有文献设定该变量测量的各题项内容，并采用 7 点李克特量表法度量，具体内容见表 5-1。

表 5-1　基于母公司视角下的并购合法性题目内容及来源

外部合法性	
题序	量表内容
1	东道国政府对该项并购活动的认可程度
2	东道国主要供应商对该项并购活动的认可程度
3	东道国主要客户对该项并购活动的认可程度
4	东道国社会公众对该项并购活动的认可程度（如当地媒体的态度和反应等）
5	东道国重要的社会团体和机构对该项并购活动的认可程度（例如，当地工会组织、行业协会、环保组织、非政府部门等）
内部合法性	
题序	量表内容
1	被并购企业的股东及其他投资者对该项并购活动的认可程度
2	被并购企业的高层管理人员对该项并购活动的认可程度
3	被并购企业的普通员工对该项并购活动的认可程度

注：题目内容来源参考：Perrow，1961、Chan 和 Makino，2007、Dacin 等，2007、乐琦，2010。

二、信效度检验

同样，遵从第四章的分析过程，首先对其各测量变量进行信、效度检验。其中信度检验结果见表 5-2。由表中数据可见，各测量变量量表的总体 Cronbach's Alpha 系数均大于 0.7；校正的项总计相关性系数均大于 0.4；且各题项已删除的 Cronbach's Alpha 值均小于该变量总体 Cronbach's Alpha 值，这表明本问卷各变量测量量表中各题项间具有良好的内部一致性，即通过信度检验。

表 5-2　各测量变量的信度检验结果（N=89）

测量变量	题项	Corrected Item-Total Correlation	Cronbach's Alpha if Item Deleted	Cronbach's Alpha
外部合法性	1	0.606	0.734	0.788
	2	0.487	0.772	
	3	0.563	0.749	
	4	0.541	0.756	
	5	0.627	0.727	
内部合法性	1	0.538	0.720	0.754
	2	0.627	0.621	
	3	0.588	0.668	
海外创新资源获取	1	0.581	0.631	0.729
	2	0.476	0.694	
	3	0.492	0.685	
	4	0.536	0.659	
资源相似性	1	0.505	0.685	0.724
	2	0.546	0.638	
	3	0.593	0.576	

随后，对各变量量表进行效度分析，具体结果见表 5-3～表 5-10，首先根据表 5-3～表 5-6 中的相关数据观测值可以看出，跨国公司母公司视角下并购的内部合法性和外部合法性测量变量通过了验证性因子分析，具有较高的效度水平。

表 5-3　跨国公司母公司外部合法性 KMO 和 Bartlett 的球形检验

取样足够的 Kaiser-Meyer-Olkin 度量		0.792
Bartlett 的球形检验	近似卡方	115.268
	df	10
	Sig.	0.000

表 5-4　跨国公司母公司外部合法性因子分析结果

因子分析初始解			因子解释的总方差							因子载荷矩阵	
			初始特征值			提取平方和载入					
	初始	提取	成分	合计	方差百分比（%）	累计百分比（%）	合计	方差百分比（%）	累计百分比（%）		成分 1
1	1.000	0.593	1	2.707	54.142	54.142	2.707	54.142	54.142	1	0.770
2	1.000	0.440	2	0.756	15.114	69.256				2	0.663
3	1.000	0.539	3	0.653	13.063	82.320				3	0.734
4	1.000	0.515	4	0.474	9.475	91.795				4	0.718
5	1.000	0.619	5	0.410	8.205	100.000				5	0.787

表 5-5　跨国公司母公司内部合法性 KMO 和 Bartlett 的球形检验

取样足够的 Kaiser-Meyer-Olkin 度量		0.683
Bartlett 的球形检验	近似卡方	63.073
	df	3
	Sig.	0.000

表 5-6　跨国公司母公司内部合法性因子分析结果

因子分析初始解			因子解释的总方差							因子载荷矩阵	
			初始特征值			提取平方和载入					
	初始	提取	成分	合计	方差百分比（%）	累计百分比（%）	合计	方差百分比（%）	累计百分比（%）		成分 1
1	1.000	0.619	1	2.014	67.143	67.143	2.014	67.143	67.143	1	0.787
2	1.000	0.718	2	0.557	18.573	85.716				2	0.847
3	1.000	0.677	3	0.429	14.284	100.000				3	0.823

表 5-7 是关于海外创新资源获取变量测量量表的 KMO 和 Bartlett 球形检验以及相应的验证性因子分析结果，从表中数据可知，KMO 值大于 0.7，Bartlett 球形检验小于 1% 的显著水平，因此可以进行因子分析。

表 5-7　海外创新资源获取 KMO 和 Bartlett 的球形检验

取样足够的 Kaiser-Meyer-Olkin 度量		0.758
Bartlett 的球形检验	近似卡方	66.840
	df	6
	Sig.	0.000

　　从表 5-8 的因子分析结果数据可以看到，提取一个因子可以解释所有题目总方差的 55.330%，而四个题目在第一个因子载荷上的得分值均大于 0.7，说明各题项与海外创新资源获取的关联相对较高，该测量变量满足一定的效度水平。

表 5-8　海外创新资源获取内部合法性因子分析结果

因子分析初始解			因子解释的总方差							因子载荷矩阵	
			成分	初始特征值			提取平方和载入				成分 1
	初始	提取		合计	方差百分比（%）	累计百分比（%）	合计	方差百分比（%）	累计百分比（%）		
1	1.000	0.628	1	2.213	55.330	55.330	2.213	55.330	55.330	1	0.793
2	1.000	0.496	2	0.659	16.472	71.802				2	0.704
3	1.000	0.515	3	0.621	15.535	87.337				3	0.718
4	1.000	0.574	4	0.507	12.663	100.000				4	0.757

　　最后，表 5-9 和表 5-10 是关于资源相似性的效度检验，同上述检验标准，KMO 值显示勉强可以进行因子检验。资源相似性变量的三个测量题项可以解释所有题目总方差的 64.539%，在第一个因子上的载荷均分别为 0.772、0.802 和 0.836，表明各题项与总体变量相关性较高，该变量通过了效度校验。

表 5-9　资源相似性 KMO 和 Bartlett 的球形检验

取样足够的 Kaiser-Meyer-Olkin 度量		0.671
Bartlett 的球形检验	近似卡方	53.169
	df	3
	Sig.	0.000

表 5-10　资源相似性因子分析结果

| 因子分析初始解 | | | 因子解释的总方差 | | | | | | | 因子载荷矩阵 | |
| | | | 初始特征值 | | | 提取平方和载入 | | | | | |
	初始	提取	成分	合计	方差百分比（%）	累计百分比（%）	合计	方差百分比（%）	累计百分比（%）		成分1
1	1.000	0.595	1	1.936	64.539	64.539	1.936	64.539	64.539	1	0.772
2	1.000	0.643	2	0.597	19.908	84.447				2	0.802
3	1.000	0.698	3	0.467	15.553	100.000				3	0.836

综上所述，本部分量表设计的题项具有良好的信度和效度水平。随后对各题项的评分取平均值，作为各变量最终的值，将其代入回归方程模型，对研究假设部分进行检验，以探索母公司视角下的跨国并购合法性与海外创新资源获取的关系。

三、描述性统计与相关系数分析

表 5-11 是对模型各变量所做的描述性统计和相关关系矩阵，除外部合法性与内部合法性之间相关系数较高（0.733，p<0.01），其余变量之间相关系数都在 0.6 以下，我们进一步采用方差膨胀因子对各变量的容差和 VIF 值进行检验（见表 5-12），发现各变量的容差均显著大于 0.1，VIF 值系数远小于 10，说明模型中各变量不会存在严重的多重共线性的问题。

表 5-11　变量的描述性统计与相关系数矩阵

变量	均值	标准差	1	2	3	4	5	6	7	8
创新资源获取	5.868	0.660	1							
企业规模	4.400	0.901	0.081	1						
企业年龄	3.490	0.868	-0.202	0.395*	1					
企业类型	0.955	0.673	-0.109	-0.138	0.253*	1				
投资区位	0.674	0.471	0.088	-0.034	-0.018	0.061	1			
持股比例	5.480	0.967	0.283*	0.256*	-0.031	-0.089	0.025	1		
外部合法性	5.683	0.680	0.588*	0.308*	-0.020	-0.280*	0.043	0.429*	1	
内部合法性	5.715	0.833	0.520*	0.271*	-0.044	-0.246*	-0.027	0.305*	0.733*	1

注：N=89；* 表示变量在 0.1 水平（双侧检验）显著相关。

表 5-12　共线性诊断

变量	容差	VIF
企业规模	0.686	1.457
企业年龄	0.724	1.382
企业类型	0.796	1.256
投资区位	0.981	1.019
持股比例	0.777	1.286
资源相似性	0.770	1.298
内部合法性	0.423	2.364
外部合法性	0.395	2.528

四、模型回归结果

同样以海外创新资源获取作为因变量建立回归模型，表 5-13 中模型 1 是包含所有控制变量的基础模型，F 统计量为 4.680（p<0.01），R^2 为 0.319，说明回归模型总体拟合度较好，但只解释了海外创新资源获取的 31.9% 的变动。模型 2 中引入了外部合法性变量，该模型的 F 统计量为 7.567（p<0.01），R^2 为 0.463，相比于模型 1 提高了 14.4%。从模型中各变量的回归系数和显著性水平来看，由母公司推动的跨国并购活动在东道国的外部合法性显著促进海外创新资源的获取（β=0.470，p<0.01）。模型 3 中加入内部合法性变量，该模型的 F 统计量为 5.930（p<0.01），R^2 为 0.403，相比于模型 1 提高了 8.4%。从回归系数结果发现，跨国并购活动在东道国的内部合法性也能够显著促进海外创新资源的获取（β=0.284，p<0.01）。模型 4 是同时包含了所有控制变量，外部合法性和内部合法性变量的全模型（F=6.870[***]，R^2=0.468），结果发现外部合法性依然正向促进海外创新资源的获取（β=0.400，p<0.01），而内部合法性的效果变得不再显著，说明相比于内部合法性的建立，跨国并购活动在东道国的外部合法性对海外创新资源获取的提升作用更为明显。具体结果如表 5-13 所示。

表 5-13　跨国公司并购合法性与海外创新资源获取回归分析结果

	模型 1	模型 2	模型 3	模型 4
企业规模	0.085	0.008	0.036	0.004

续表

	模型1	模型2	模型3	模型4
企业年龄	-0.210**	-0.184**	-0.190**	0.182**
企业类型	-0.021	0.076	0.044	0.082
投资区位	0.080	0.061	0.117	0.075
持股比例	0.086	-0.002	0.049	-0.001
资源相似性	0.358***	0.246***	0.250***	0.228**
外部合法性		0.470***		0.400***
内部合法性			0.284***	0.090
行业	控制	控制	控制	控制
常数项	3.771***	2.348***	2.977***	2.308***
R^2	0.319	0.463	0.403	0.468
F统计量	4.680***	7.567***	5.930***	6.870***

注：N=89；＊＊和＊＊＊分别表示5%和1%的显著水平。

第二节　中国跨国公司应对母公司合法性缺失问题的案例分析

一、理论背景

（一）中国跨国公司的特征及其合法性

随着中国企业在全球市场上的竞争日益激烈，来自中国企业的跨国收购活动正逐渐增多（Chen 和 Young，2010；McCarthy 等，2016）。近年来，中国企业的海外并购目标逐渐从资源获取型转为技术寻求型，不同于选择以合资的方式进入目标市场的跨国公司，尽管存在较高的风险和成本（Luo 和 Tung，2007），来自中国的跨国公司越来越多地选择以全资收购的方式直接进入国际市场（Luo 和 Tung，2007；Peng，2012），目标市场也正在向与本国存在较大制度距离的欧洲和北美洲等发达经济体国家转移（Klossek 等，2012），试图收购来自发达经济体的成熟组织（Deng，2009；Peng，2012；Sun 等，2012），期望通过这种方式直接获得国外先进企业的研发能力，从而反哺国内的母公司，促进其实现跨越式创新能力的赶超。

中国的跨国公司往往将国际化作为其获取战略资源的"跳板"（Lu 等，2011）。跨国并购使它们能够在追赶国际竞争对手的过程中跳过进入国际市场的初级阶段。然而目前大多数中国跨国企业仍然处于国际化的早期阶段。作为后来者，它们往往缺乏在国际市场上的运营经验（Rugman 等，2016），同时也缺乏处理东道国制度和法律环境的经验（Kostova 和 Zaheer，1999），在国际市场上具有相对较低的合法性（Wright 等，2005）。因此，在理解一系列的地方制度，并满足通常是默认的和复杂的合法性要求方面，对它们来说是一个重大的挑战（Tan，2009；Tallman 和 Chacar，2011）。它们需要搜索和处理更多的信息，因此也需要承担更高的协调和控制成本（Zaheer，1995；Kostova 和 Zaheer，1999；Salomon 和 Wu，2012）。由于中国转型经济体制与发达国家成熟的市场经济和法律制度间存在较大的制度落差，导致跨国公司在发达经济体国家经营时会面对额外的制度压力（Luo 和 Tung，2007）。因其母公司通常被认为比它们所并购的目标公司具有更低的合法性，因此很多中国企业的海外收购都被媒体冠以"蛇吞象"的比喻。例如，当联想并购 IBM 的个人电脑业务，或当吉利并购沃尔沃的时候，最初都收到了内、外部利益相关者的质疑（Deng，2009），因为这样的收购行为会被利益相关者认为是被收购企业的一种倒退行为。如 Zhang 和 Ebers（2010）发现，1982~2008 年，将近一半的中国企业海外并购行为未能顺利完成。这种高失败率的原因可以被解释为中国企业合法性的缺失。对于国有企业来说，出于东道国政府对其国家安全的考虑，其成功率要更低（Li 等，2017）。Li 等（2019）发现国有企业的背景会赋予跨国公司更高的不透明性，使其更难获得合法性。

以往关于跨国情境下组织合法性的讨论通常将跨国公司整体或其子公司作为分析单元（Kostova 和 Zaheer，1999；Lu 和 Xu，2006）。本书认为，在进行逆向跨国收购（由新兴市场企业收购发达经济体国家企业）的过程中，母公司所面对的合法性问题更为重要。因为在实施逆向跨国并购的过程中，来自新兴市场的跨国公司不仅要面对常规跨国情境下的"外来者劣势"，同时还要应对因母国环境而导致的"来源国劣势"。因此，在东道国建立和维护内、外部合法性对于来自新兴市场跨国公司的生存和发展（Lu 和 Xu，2006）以及获取和整合所需的创新资源具有重要的战略意义。上述中国公司的特征为实证研究和理论构建提供了一个重要的背景和绝佳的机会。

（二）基于跨国公司母公司视角下的内、外部合法性

如前文所述，合法性是反映组织与所感知的法律法规、规范性支持的一致性程度，或与文化—认知框架匹配的一种状况（Scott，1995）。当组织的价值观和行为与组织所嵌入的社会情境和社会关系的价值观相一致时，组织就具有了相应的合法性（彭伟等，2013）。组织合法性取决于评价者的判断（Bitektine，2011；Tost，2011）。一般而言，跨国公司将同时面对组织的内部合法性问题和外部合法性问题（Kostova 和 Zaheer，1999；Kostova 和 Roth，2002；Xu 和 Shenkar，2002；乐琦和蓝海林，2012）。基于不同的理论视角，学者普遍认为内、外部合法性对于跨国公司的成功都至关重要（Singh 等，1986；Kostova 和 Zaheer，1999；Lu 和 Xu，2006）。然而由于各研究基于的视角不同，因此其内、外部合法性的评判对象也有差异。本章研究基于跨国公司母公司的视角，此时的内部合法性主要来自被并购方，主要指被并购公司董事会成员、管理团队、主要所有者、雇员以及其他的内部利益相关者对并购活动所接受和认可的程度（Chan 和 Makino，2007；Dacin 等，2007）；而外部合法性主要是指被东道国政府、供应商、客户、媒体、行业分析师、行业协会和金融机构等其他关键外部利益相关者对并购行为的接受和认可的程度（Xu 和 Shenkar，2002；Dacin 等，2007）。Peng（2012）指出，作为后来者，部分来自中国的跨国公司，由于对海外经营的"游戏规则"不熟悉，因此造成其外部合法性较低。当它们以跨国并购的方式进入东道国时，很可能在更发达的国家遭遇政治抵制和阻力（Globerman 和 Shapiro，2009）。此外，无论是在国内还是在国际上，并购后的整合都是一个主要挑战。中国跨国公司尤其容易受到整合问题的影响，因为它们缺乏国际经验丰富的管理人才（Peng，2012），这也导致了并购后内部合法性的缺失。

在后发企业国际化过程中，部分企业未能满足海外利益相关者的认可和诉求，容易引发与海外利益相关者的矛盾和冲突。在外部，由于利益相关者对并购企业并不了解，很难形成对跨国企业的认可，使其难以获得外部支持。如果缺乏东道国当地外部利益相关者的支持，跨国企业可能会遭遇各种形式的抵制、制裁甚至政府的直接干涉和限制，甚至危害其在当地的生存和发展（Rosenzweig 和 Singh，1991）。获取东道国政府的支持有助于跨国公司向东道国利益相关者传递积极的信号（Chan 和 Makino，2007）。在内部，一方面，可能会面临来自发达经

济体的被收购企业员工担心企业"倒退"而引发的心理抵制（Cartwright 和 Cooper，1993）。这种"合法性缺陷"是新兴经济体跨国公司高失败率的主要原因之一（Sinkovics 等，2011）。被并购企业的员工往往会对并购企业产生一定的抵制心理，某些不利信号的传递和误导会遭到员工强烈的反感和抵制，而并购企业想要运用正式的机制将其文化和管理强加于被并购企业的效果也并不显著（Cartwright 和 Cooper，1993）。另一方面，由于西方国家的工会组织在企业中具有重要的影响力，可能会在我国企业跨国并购及并购后治理过程中造成阻碍。

综上所述，能否适应东道国的环境，获得并维持其在多个国家和地区经营的内、外部合法性是跨国企业并购前后都需要特别关注的问题（Kostova 和 Zaheer，1999）。

（三）组织合法化的过程

组织合法化作为一个情境适应的社会化建构过程（Suchman，1995），与其说是一种被赋予的地位，不如说它是一种涉及多个参与主体的持续的社会协商过程的产物（Deephouse，1996；Suddaby 等，2017）。就并购而言，合法性所涉及的不仅是并购的一个具体部分，而是贯穿整个并购过程的一个全局性的、内在的因素（Vaara 和 Monin，2010）。根据研究发现，跨国企业可以主动构建合法性，这对于增强它们的长期成长前景非常重要（Delmar 和 Shane，2004；Ahlstrom 等，2008）。因此，理解跨国公司如何在跨国并购的过程中增强合法性具有重要的理论价值和实践意义（Bangara 等，2012）。然而目前理解构成合法性基础的一般过程仍然是一个困难而持久的问题（Johnson 等，2006）。特别是我们对改变利益相关者对合法性评估的因素是如何管理的知之甚少（Sinha 等，2015）。已有研究考察了在并购前期准备过程中如何通过并购公告（Vaara，2003）；在并购过程中如何利用说理、演讲、故事叙述等话语修辞策略（Vaara 和 Tienari，2011）等方式发展合法性，或者在并购后整合期如何利用所需的手段继续保持合法性的需求（Sinha 等，2015）。Drori 和 Honig（2013）研究了内部支持和外部结构之间的关系，他们通过包含一个描述内部和外部合法性失调的反馈循环进一步研究了内部合法性的含义。Sinha 等（2015）关注并购后整合过程中的合法性动态，开发了耦合、分割和再耦合的三阶段合法性框架，以探索并购的合法性是如何随着时间的推移而产生、授予和维持的。总之，跨国并购过程中企业的行动策略与其合法化间存在着一定的内嵌性互动机制（Vaara 和 Tienari，2011；程聪等，2017）。

（四）理论缺口与研究框架

近年来，中国跨国公司对发达经济体中各个行业的并购行为逐年增加（Luo 和 Tung，2007；Chen 和 Young，2010；Peng，2012），然而这些企业在合法性方面都面临着独特的问题。虽然已有研究能够帮助我们理解中国跨国企业国际化过程中克服合法性问题的策略，但仍然存在一定的理论缺口。

以往研究主要从静态视角探究跨国企业的合法性问题，且多基于跨国公司海外子公司的视角。然而影响跨国公司合法性的要素及其影响机制不是固定不变的，而是随着经济全球化的发展以及企业国际化进程的推进不断变化的，跨国公司也必须不断调整其合法性战略。虽然 Vaara 和 Tienari（2011）关注到了合法性的动态特征，但没有对企业内、外部合法性的转变过程进行详细的研究。程聪等（2017）考虑到了组织合法性的内、外部聚焦，但仅用单案例的方法进行的探索性研究虽然阐明了组织内、外部合法性聚焦的过程。单案例研究无法在案例间进行平行比较，因此不能很好地展现内、外部合法性在并购的不同阶段所扮演角色的重要性程度。另外，在有限的研究中，大部分研究往往只重视外部合法性问题（陈怀超和范建红，2014），较少研究通过过程的视角关注内、外部合法性的变化（程聪等，2017）。此外，来自新兴经济体国家的跨国公司并购来自发达经济体国家企业的现象相对较新，并没有得到太多的关注。本小节以中国跨国公司为例，通过案例研究的方式对这一过程进行分析和阐述。

二、研究方法

（一）方法选择

近年来，案例研究在国际商务领域（Welch 等，2011）以及关于过程分析的研究中（Drori 和 Honig，2013）被使用的频率逐渐增多。为了更好地理解合法性在中国跨国企业向发达经济体企业实施逆向跨国并购行为时的作用以及它们克服合法性缺陷时的策略，我们选用案例研究的方法。案例研究擅长回答"为什么""如何"的问题，并允许在现实生活中调查复杂的现象，从而发展新的理论和实践见解（Eisenhardt，1989；Welch 等，2011；Yin，2014）。鉴于本章研究的探索性，以及对合法性在中国企业跨境并购过程中所扮演角色的理解有限，因此采用案例研究方法是合适的。

案例研究可以用单个或多个案例进行（Eisenhardt，1989；Yin，2014）。单一案例研究可以让研究者更深入地了解被调查对象并展示出丰富的结果（Eisenhardt，1989），但是可能会降低结果的通用性。为了研究合法性在中国跨国公司跨国并购过程中不同阶段所发挥的作用，验证中国跨国公司跨国并购合法性战略的共性和有效性，本章研究采用多案例的方法（Yin，2014）。

（二）样本选取和数据收集

不同于定量研究的随机抽样方法，在定性研究中，样本的选择通常是有目的性的，以产生信息丰富的案例，展示正在调查的现象。我们遵循典型性原则（Eisenhardt，1989），有目的地选择了符合我们预先设定标准的中国跨国公司。根据我们的选取标准，所选案例企业必须符合如下三个方面的要求：①它们必须有三年以上的国际化经验，通过并购在东道国（地区）建立市场并发展业务，这意味着可以收集到足够的数据进行研究；②它们应追求在东道国（地区）投资的长期目标，这意味着不会存在由于追求短期利益而使我们的分析和调查结果产生偏差的短期作用；③它们必须在从属行业或部门、公司规模、国际多元化程度和所有权类型等方面具有异质性。其中企业所有权类型可能在后发企业跨国并购过程中起到重要的影响，因为所有权类型已经被证明可能是制度"印记"的指示，并在随后的战略决策中产生路径依赖（Tan，2002；Zhang 等，2016）。因此在案例选取过程中，我们着重选择具有不同企业所有权类型的案例样本。

根据样本选择的原则和标准，本节选择了四家中国企业所实施的五个跨境收购案例以探索中国跨国公司在从事跨境收购时的合法性问题。本节所选择的五个案例包括中联重科并购意大利 CIFA（2008）、三一重工并购德国普茨迈斯特（2012）、均胜电子并购德国普瑞（2011；2012）、中国建设银行并购美国银行（亚洲）（2006）、建设银行（亚洲）并购美国国际信贷（香港）有限公司（2006），这五个案例在各自的行业都有很高的知名度。因为收购方都是上市公司，可以通过各种公开渠道获取丰富的数据和信息，有利于对本研究提供支持和验证，具体并购案例信息见表5-14。

表5-14　案例样本

中方并购企业				外方被并购企业			
公司名	行业	建立时间	所有权	公司名	国家/地区	所有权	并购时间
中联重科	工程机械制造	1992 年	国有企业	CIFA	意大利	投资基金控股	2008 年
三一重工	工程机械制造	1994 年	民营企业	Putzmeister	德国	家族企业	2012 年
均胜电子	汽车零部件	2004 年	民营企业	Preh	德国	私募控股	2011 年、2012 年
中国建设银行	银行业	1954 年	国有企业	美国银行（亚洲）	美国	民营企业	2006 年
中国建设银行（亚洲）	银行业	2006 年	国有企业	美国国际信贷（中国香港）有限公司	美国	民营企业	2006 年

在样本中，中联重科和三一重工是中国高端装备制造业的两大龙头企业，其中中联重科是国有企业，三一重工是民营企业；均胜电子是一家专注于汽车零部件生产的民营企业；中国建设银行是中国四大国有银行之一。以上所有企业均完成了对各自领域内国际知名公司的 100% 股权收购（见表 5-15）。

表5-15　收购方和被收购方的企业概况

中联重科收购意大利 CIFA	
中联重科最初是一家国有企业，成立于 1992 年，主要从事高端装备制造设备的研发和制造。2008年 9 月 28 日，中联重科与弘毅资本，高盛集团以及曼达林基金联手与 CIFA 在中国长沙签署了收购协议。根据协议，中联重科将以 2.71 亿欧元的价格持有 CIFA 的 100% 股权。收购完成后，中联重科一举跃升为当时世界一流的混凝土机械制造商	被收购方 CIFA 于 1928 年在意大利成立，是世界排名第三的混凝土机械公司。截至并购当年，CIFA 的产品已出口至欧洲、中东和北非等国家。占据意大利国内市场近 70% 的份额，并在欧洲占据 40% 的市场份额。意大利私募股权基金 Magenta 曾收购 CIFA 72.5% 的股权，并于 2006 年 7 月成为其控股股东。因过度依赖欧美市场，受金融危机影响，出现重大亏损，2008 年，Magenta 表示有意与其他两个持股家族一起出售 CIFA
三一重工收购德国普茨迈斯特（Putzmeister）	
三一集团旗下的三一重工是一家成立于 1994 年的民营企业，成立初期，长期保持着 50% 的年增长率。2007 年的全球金融危机和中国政府在 2008 年的四万亿财政激励措施进一步促进了三一重工的发展。截至 2010 年，三一重工已占据国内混凝土机械市场 60% 以上的份额。德国时间 2012 年 4 月 17 日，三一重工以 2.71 亿欧元正式完成对 Putzmeister 的收购，成为该行业中新的全球领导者	被收购方 Putzmeister 是一家德国的家族企业，创立于 1958 年，是一家在技术、品牌、市场份额和全球市场营销网络众多方面领先的混凝土机械制造商。随着 21 世纪装备制造业的蓬勃发展，Putzmeister 经历了一个快速扩张的时期，产品销往 154 个国家，全球市场份额高达 60%，90% 的市场份额来自本土之外的市场。然而，2007 年的金融危机对其发展产生了负面影响，而公司创立者的下一代也无心继续经营这一业务，因此所有者有了将其出售的想法

续表

<table>
<tr><td colspan="2" align="center">均胜电子收购德国普瑞（Preh GmbH）</td></tr>
<tr><td>均胜电子是一家世界领先的高端汽车零部件公司，总部设在中国宁波。均胜因其自身能力及发展潜力逐渐将关注点转移至汽车电子产品领域。然而，由于全球范围内的知识产权保护政策的加强和中国本土知识产权保护的弱势，均胜面临着强大的进入壁垒。2011 年，均胜与德国 Preh 签署了一项协议，使均胜成为 Preh 的控股股东，拥有其 74.9%的股份。一年后，均胜购买了剩余的 25.1%的股份，成为 Preh 的全资持有者。此次收购价值 1.6 亿元，其中包括 98 项专利</td><td>被并购方 Preh 是德国一家老牌汽车零部件生产企业，是世界众多高端汽车的供应商，成立于 1919 年，专门从事汽车控制部件的开发和制造，在全球拥有 6 个生产销售基地。企业规模超过 2500 人，其中 1/4 从事 R&D 相关工作，在 2010 年汽车电子行业的发明专利排行榜中高居第七位</td></tr>
<tr><td colspan="2" align="center">中国建设银行收购香港的美国银行（亚洲）</td></tr>
<tr><td>中国建设银行是中国四大国有商业银行之一，它于 2005 年与两家战略投资者美国银行和淡马锡合作成功在中国香港交易所上市。2006 年 8 月 24 日，中国建设银行与美国银行签署收购协议，100%收购其已发行股份</td><td>美国银行（亚洲）是在中国香港注册的 24 家持牌银行之一，是一家典型中小型零售银行，在中国香港设有 14 家分行，在中国澳门设有 3 家分行。其个人业务约占其收入的 65%</td></tr>
<tr><td colspan="2" align="center">中国建设银行（亚洲）收购美国国际信贷（香港）有限公司 AIGF（香港）</td></tr>
<tr><td>中国建设银行（亚洲）的前身是 2006 年底被建设银行在中国香港的分行机构收购整合的美国银行（亚洲）。2009 年 8 月 12 日，中国建设银行（亚洲）与美国 AIG 集团签署协议，以 7000 万美元收购 AIGF 100%股份，成为中国建设银行（亚洲）全球化扩张的重要一步</td><td>AIGF 是美国国际信贷集团在香港成立的有限授权银行。其主要业务是信用卡，个人无抵押贷款和汽车贷款，其在 2008 年占中国香港信用卡市场 5%的份额</td></tr>
</table>

为保证案例研究的可靠性，从多种渠道获取案例分析所需数据信息，包括半结构化访谈和各类文档数据（见表 5-16）。具体而言，首先收集了关于各家企业并购事件的二手数据来了解各项并购的一般现象，然后在 2015~2017 年通过对 4 家公司的高层管理人员进行了半结构化访谈获得了主要的一手资料数据。由于跨国并购属于一项重大的战略决策，我们有目的性地选择了了解并购情况的高层管理人员作为采访对象（Vuori 和 Huy，2016）。采用开放式访谈的方式，每次持续时间 1~2 小时。为了避免冗长地描述并提供重要见解和发现的结构化概述，部分结果和讨论在本书中是以比较的形式出现的（Klossek 等，2012）。

表 5-16　访谈者信息和二手数据信息

公司	受访者	访谈时间	公开资料来源
中联重科	研发经理	2016 年	公司年报、企业官网、发表的学术/商业期刊、哈佛案例库、媒体报道、媒体采访（CEO）、行业统计报告
三一重工	高级经理	2015 年	公司年报、企业官网、发表的学术/商业期刊、哈佛案例库、媒体报道、媒体采访（三一董事会主席、普茨迈斯特创始人和董事）、行业统计报告
均胜电子	高级经理	2017 年	公司年报、企业官网、发表的学术/商业期刊、媒体报道、媒体采访（董事长）
建设银行（亚洲）	高级副总裁	2017 年	公司年报、企业官网、发表的学术/商业期刊、媒体报道

（三）研究数据的信、效度

为避免回溯性解释和印象管理等影响案例研究信效度的现象（Eisenhardt 和 Graebner，2007；魏江等，2014；程聪等，2017），在分析通过访谈和二手资料来源提供的数据时，首先通过反复比对、验证和筛选来自公司年报、企业官网、文献、书籍、档案文件、媒体报道、行业报告等多个来源的数据资料的交叉证据以提高案例研究的信效度水平。Glaser 和 Strauss（1967）强调使用多个数据源来获得调查中现象的多视角描述。更重要的是，多来源的数据可以让研究人员"三角化"数据，从而提高研究的信度和效度（Eisenhardt，1989；Yin，2014）。同时通过四项具体的测试来进一步提高本案例研究的有效性，尽量减少验证性证据偏差的问题（Ahlstrom 等，2008）。主要体现在以下四个方面：①需要至少两家主体企业的例子来说明获得合法性的作用和策略。②来自某一特定类型合法性策略证据的有效性如果受到另一家跨国公司的质疑，则该策略不会被本案例使用。当出现重大分歧时，如两家公司提供一种策略而另两家公司提供不同的策略，我们报告了这一点，但并没有将其列为可能的策略。③本案例还报告了不符合或有争议的资料，并作出进一步解释。④虽然本研究的数据来自一手信息源，但同时也寻求二手数据进一步证实和说明。

（四）分析过程

为了捕捉跨国并购过程的时间特征，我们遵循了基于过程分析的研究方法（Langley，1999）作为指南，其中包括四个步骤：第一步，因为对收集到的数据进行系统的整理是定性研究的基础。通过对数据资料的通读，对五种不同的并购案例进行了详细的描述，然后分别构建了各案例公司的关键事件、反映和解释的时间序列列表，由有序的文档数据（来自期刊、公司年度报告、媒体报告等）组成。这个过程对各案例企业产生了详细和系统的叙述。第二步，将这些文档作为第一层次的解读进行叙述，并将其与访谈中的引文进行对比提炼。从新兴经济体企业跨国并购的大背景出发进行叙事交叉引用的数据，帮助我们识别企业并购合法化策略的因果序列以及所获得的合法性水平。第三步，反复筛选叙述，在适当时交叉引用原始数据，利用合法性文献的指导，寻找任何影响收购者合法性的证据，同时对涌现出的新现象保持开放的态度。然后采用持续比较法进行一阶编码（Glaser 和 Strauss，1967）。通过这种开放性编码，我们确定了主要的转折点，这些转折点帮助我们定义了在整个并购过程中产生的合法性意义上的转变，并结合并购的三个阶段（并购前阶段、并购中阶段和并购后阶段）来构建合法性的时间演进。通过采用时序区间策略（Langley，1999），我们确认了进行跨案例比较的有利位置，采用在多案例研究中被广泛使用，以突出其关键的相似性或差异性的平行比较法进行数据分析（Haq 等，2017）。这使我们能够在并购过程的三个阶段对五个不同的案例及其不同的合法性策略进行比较，从而增加了本研究的外部有效性。第四步，先利用主轴编码（Strauss 和 Corbin，1998）将这些一阶概念分组到二阶主题中（Corley 和 Gioia，2004），并通过与合法性文献的比较和对话进一步强化这些主题。我们为每个阶段构造了原始数据表，以便在原始数据和更高层次的解释之间提供另一个迭代（见表 5-17），然后将二阶编码结果转化成关于内、外部合法性构念的支持情况（见表 5-18），为每个阶段提供了收购过程中合法性建构的证据。

表 5-17　收购过程中合法性构建的证据

阶段 1：并购前阶段
参与者：收购方企业、政府机构、被并购方企业

一阶段编码	二阶段编码	一阶段编码	二阶段编码
A1.1. 在收购意大利 CIFA 的竞争中，中联重科先于三一重工获得政府的批准和支持	A1. 获得国内政府的支持	A4.1. 三一重工和中联重科都爆发了员工罢工事件	A4. 受到被并购公司员工的阻挠，以承诺被并购公司的员工利益不会受到影响以缓解内部冲突
A1.2. "政府机构的批准是中国企业实施跨境收购活动的先决条件。"【建设银行（亚洲）高级副总裁；均胜电子高级经理】		A4.2. 向文波向普茨迈斯员工保证绝不裁员并向他们提供补偿以停止罢工活动	

续表

阶段 1：并购前阶段

参与者：收购方企业、政府机构、被并购方企业

一阶段编码	二阶段编码	一阶段编码	二阶段编码
A2.1. 三一重工在德国建立了三一德国作为特殊目的收购公司（SPAC）	A2. 获得东道国政府的支持	A5.1. 三一重工获得了来自普茨迈斯特首席执行官兼创始人的高度评价	A5. 获得来自并购目标公司高层管理者的支持
A2.2. 中联重科通过分别在中国香港、卢森堡和意大利建立了特殊目的收购公司（SPACs）以应对东道国的调查机构和政府机构			
A3.1. 三一重工被政府说服退出对 CIFA 的收购竞争	A3. 受限于国内政府		

阶段 2：并购过程中阶段

参与者：收购方企业、共同投资者

一阶段编码	二阶段编码	一阶段编码	二阶段编码
B1.1. 三一重工在收购普茨迈斯特过程中与中信私募基金（中国香港）合作	B1. 获得外部共同投资者的支持		
B1.2. 中联重科与弘毅基金、曼达林基金、高盛集团组成共同投资人一起参与意大利 CIFA 的收购活动			
B2.1. 均胜电子在收购过程中与专业的顾问、会计师事务所以及律师事务所合作	B2. 与外部专业机构建立高效的收购团队		
B2.2. 中国建设银行在收购时邀请了律师事务所、会计师事务所和投资银行组建了一支有效的尽职调查团队			
B3.1. 均胜电子对外释放信号表示它能够为德国的就业、税收和经济发展做出贡献	B3. 获得东道国政府机构的支持		
B3.2. 中国建设银行（亚洲）向中国香港金融管理局承诺将在美国银行（亚洲）整合后进行扩张			
B3.3. 中国建设银行（亚洲）报出的收购价格符合美国金融业监管机构的要求			

阶段3：并购后阶段

参与者：收购方企业、被并购方企业

一阶段编码	二阶段编码	一阶段编码	二阶段编码
C1.1. 中联重科与三家共同投资者签署了"风险共担、利益共享"的战略协议，借助各自的商业网络和与东道国当地媒体的联系，扩大其在当地的影响力	C1. 通过构建组织形象以建立外部合法性	C3.1. 中国建设银行（亚洲）允许AIGF保持独立运营，保持高层管理团队的原班人马	C3. 非正式控制策略有助于提高内部合法性
		C3.2. 合并后，普茨迈斯特继续以独立品牌经营。三一重工对董事会和高层管理团队的变动不大，只派驻了一名高级助理作为特别联络处进入董事会	
		C3.3. 收购后，均胜电子并没有干涉德国普瑞的日常运营工作	
		C3.4. 中联重科也同样保持了意大利CIFA公司的独立运营，以保持CIFA管理层的信任	
C2.1. 努力实现较高的销售收入和利润绩效	C2. 良好的内部绩效水平带来良好的外部认可	C4.1. 中国建设银行为美国银行（亚洲）的高级经理人提供了留用奖金和访问建设银行总部的机会	C4. 提供激励措施以获得被并购企业高层管理者的支持
		C4.2. "我们将部分股份转让给德国普瑞的管理团队，并达成协议当普瑞的业绩在5年后超过一定价值时我们将回购这部分股份，以此作为对普瑞管理团队的一种激励。"[普瑞电子董事会主席]	
		C5.1. 三一重工向普茨迈斯特员工承诺不裁员并为其提供补偿金	C5. 获得来自被并购企业员工的支持
		C5.2. 中联重科向CIFA员工承诺不裁员并为其提供补偿奖金	
		C6.1. 中国建设银行与来自建设银行（亚洲）的3名管理人员建立了一个协调小组，其工作方式与中国建设银行（亚洲）以往的方式具有较大差异，文化冲突导致超过一半的高管离职	C6. 直接和正式地控制导致被并购企业员工离职
		C7.1. 中联重科采取风险共担、利益共享的策略，与三家共同投资者共同安排和调整管理团队	C7. 获得共同投资者的支持

表 5-18　并购前、中、后三阶段内、外部合法性支持情况

	内部合法性	外部合法性
并购前阶段		
A1		●
A2		●
A3		●
A4	●	
A5	●	
并购中阶段		
B1		●
B2		●
B3		●
并购后阶段		
C1		●
C2		●
C3	●	
C4	●	
C5	●	
C6	●	
C7	●	

三、研究发现：中国跨国公司跨国并购的合法性策略

对于新兴市场跨国公司来说，建立外部合法性和内部合法性都是一个广泛而漫长的过程（Ahlstrom 等，2008）。跨国公司所采取的策略对它们的合法性评价和绩效都具有重要的影响（Bangara 等，2012）。通过分析，我们将并购过程分为三个主要阶段：并购前阶段、并购过程中、并购后阶段。虽然有一些重叠，但这些阶段总体上都是连续的，对于尝试建立合法性具有独特的积累性结果。

（一）并购前阶段

对于处于并购准备阶段的中国跨国公司来说，外部合法性的获取至关重要。在中国，政府管理着企业经济活动的许多方面。例如，在实施跨国并购前，中国企业必须获取一定程度的外部合法性，才能推动政府机构的所有重要审批（Chen

和 Young，2010）。Bitektine（2011）认为，国家政府机构对公司合法性的判断可能关系到一个组织的生死存亡。尤其是中国企业，在寻求跨国收购活动之前必须获得国家发展改革委员会和商务部的批准。例如，在并购 CIFA 的竞标过程中，由于具有重要的战略资源价值，中联重科和三一重工都将其视为重要的收购对象。三一重工甚至报出高于中联重科的竞标价格，使其在并购前阶段更具竞争力。然而针对中国企业的对外投资项目，实施前需在境内完成诸多审批，地方企业的审批权都在政府各部门。在国内的竞争中，具有国有企业背景的中联重科先于三一重工获得了政府的支持。在发改委的游说下，三一重工在最后时刻主动退出对意大利 CIFA 的收购活动，促成中联重科成功实现对 CIFA 的全资收购。获得政府支持是中国企业对外投资的关键前提条件。因此，作为拟收购方的中国企业在获得相关政府机构的许可之前，对并购交易应持谨慎态度。建设银行（亚洲）的高级副总裁和均胜电子的高级经理也都指出：

"政府机构的批准是中国企业实施跨境收购活动的先决条件。"

除了母国政府在并购前阶段的关键作用以外，东道国政府对于并购活动合法性的认知和判断也同样对跨国并购的成败起着决定性的影响。Luo（2001）的研究表明，跨国公司可以通过持续、透明的行为，社会资本的发展和对东道国经济的投资等方式建立和强化其在东道国政府眼中的合法性水平（Kostova 和 Zaheer，1999；Marquis 和 Qian，2013）。中联重科和三一重工为了让东道国政府机构建立对自身的良好印象并对其并购行为持正向态度，并购之前，都在目标国设立了特殊目的收购公司（Special Purpose Acquisition Corporation，SPAC）。例如，中联重科在中国香港、卢森堡和意大利分别建立了特殊目的收购公司。三一重工在德国建立了德国三一并将其打造为特殊目的收购公司，以获得东道国的政府机构和调查人员的认可，提高其外部合法性。

除了外部合法性以外，在并购前阶段，从目标公司的高层管理者和员工那里获得内部合法性也同样重要，因为他们是组成内部合法性评价来源的一部分，因此获得他们的认可有助于跨国公司母公司获得内部合法性。例如，在收购普茨迈斯特的过程中，三一重工再次与中联重科展开激烈竞争。但这一次，三一重工董事长梁稳根抓住了转瞬即逝的机会，直接与普茨迈斯特的创始人兼董事卡尔·施莱希特取得了联系，约定了在德国会面就并购事项进行了深入的沟通，得到了施莱希特对三一重工的认可。这确实帮助了三一重工赢得了普茨迈斯特的支持并使其成为对方心中唯一的收购者，正如卡尔·施莱希特评论道：

> "经过与三一重工董事长梁稳根的讨论，我发现我们有着共同的商业'理念'。梁先生不仅认同普茨迈斯特的愿景和企业价值观，更体现了普茨迈斯特的创业精神，我对此非常感动。"

又如，均胜电子和德国普瑞在 2004 年就建立了合作关系，派出公司高层管理人员进行了互访。2010 年，均胜电子和德国普瑞甚至建立了一个合资企业——宁波普瑞均胜汽车电子有限公司。并购前的互动构建了共同的参照框架，为并购的成功实施做出了贡献。同样，在收购美国银行（亚洲）的交易中，建设银行利用拥有丰富并购经验的高盛集团帮助其与美国银行高层进行谈判以提高建设银行在被并购公司的内部合法性水平。

在并购前，收购方除了要获得高层管理者的同意，还必须获得普通员工的认可和支持。由于许多发达经济体的工会制度十分完善，导致这一问题往往很复杂。例如，当普茨迈斯特的员工得知收购的消息时，他们感到不安，担心会被裁员。因此，举行了大规模的示威活动。对此，三一集团负责人向文波向普茨迈斯特员工承诺公司不会裁员，并提供给对方公司员工额外的留任补偿。通过这种方式，三一重工得到了普茨迈斯特员工的支持。中联重科在收购 CIFA 的过程中同样也遇到了类似的问题，并采取了类似的策略以解决员工的罢工示威活动。

（二）并购过程中

在并购的实际实施过程中，机构投资者扮演着重要的角色，并购方企业大多依赖于具有丰富并购知识和经验的共同投资者，这有助于其在东道国政府和利益相关者眼中建立合法性。中国企业在应对例如外来者劣势和来源国劣势等国际化挑战时，一个有效的途径就是通过建立组织声誉和可靠性向内部和外部的利益相关者发出值得信赖的信号（Luo 和 Tung，2007）。当面临更高的合法性要求时，跨国公司通常会寻找愿意密切合作以应对合法性挑战的合作伙伴。研究表明，在帮助企业获取资源方面，以股权为基础的合作关系通常更为有效（Osborn 和 Baughn，1990）。例如，中联重科在实施收购意大利 CIFA 的过程中，与对发达经济体的法律体系和制度环境较为熟悉的弘毅投资、曼达林基金、高盛投资合作，大大增强了中联重科的合法性。同样，在收购普茨迈斯特的交易中，三一重工与中信产业投资基金（香港）顾问有限公司合作，该合作伙伴不仅为三一重工提供了资金支持，而且因为其在跨境并购方面具有丰富的经验，所以在谈判过程中发挥了重要的作用。在均胜电子收购德国普瑞的案例中，它与咨询公司、会计师事务所和律师事务所等专业公司建立了一个高效的尽职调查团队。而在建设银行收购美国银行（亚洲）的过程中也做了同样的事情。正如建设银行（亚洲）的高级副总裁所述：

> "由于这是建设银行的第一次跨境收购，我们邀请了律师事务所、会计师事务所、投资银行等专业公司组建有效的尽职调查团队，为此次收购的实施发挥了重要作用。"

收购者可以利用沟通和释放信号作为在被收购公司所在地建立声誉的有效手段（Klossek 等，2012），也可以通过与拥有高水平合法性的组织建立联盟伙伴关系提高其自身的合法性水平（Bitektine 和 Haack，2015）。在收购过程中，中联重科和三一重工都依赖在东道国拥有丰富的国际投资经验和密切网络关系的私募公司的帮助。在其中的四宗收购案中，知名咨询公司、会计师事务所和律师事务所的加入，提高了中国跨国公司在东道国的可信度和合法性。然而，在建设银行（亚洲）收购 AIGF 的案例中，他们并没有利用专业公司的帮助，这主要源于他们刚刚完成对美国银行（亚洲）的收购，积累了关于尽职调查的经验。此外，在这个过程中，收购者还必须得到东道国政府机构的批准。例如，均胜电子通过展示他们长期投资和促进德国普瑞发展的意愿，得到了德国政府机构的认可。正如均胜电子的一名高级经理指出：

> "德国的政府机构更关心就业、税收和经济发展。通过沟通，我们让他们知道，我们打算对普瑞进行实业投资，促进普瑞的发展，而不仅仅是进行资本投资。"

在建设银行收购美国银行（亚洲）的交易中，需要同时得到中国、中国香港和美国政府机构的批准，同时，为了获得中国香港金融管理局的批准他们做出扩大现有规模和不裁员的承诺：

> "我们承诺在收购后的两年内不会裁员，我们也承诺在完成美国银行（亚洲）与建设银行香港分行的整合后进行扩张，这样才能得到香港金融管理局的批准。"

同时，为了获得美国政府机构（如金融业监管局）的认可与支持，建设银行（亚洲）不得不向其证明收购价格的合理性。一位建设银行（亚洲）的高级副总裁声明：

> "美国金融业监管局更关心的是收购价格是否合理。因为美国银行是建设银行的战略投资者，持有建行19.9%的股份，收购后股价的上涨完全可以弥补看似较低的收购价格。"

（三）并购后阶段

并购后的整合阶段决定了跨国并购成败的关键，对海外子公司的非正式控制有助于减少收购方与被收购方之间的冲突，促进文化的融合，加快统一价值观念的形成（Barkema等，1996）。并购后被并购公司高管的变动往往会对跨国公司的内、外部合法性产生负面影响（乐琦，2012）。在本案例研究中，大部分中国跨国公司在并购后并没有对被并购公司实施直接干预，并且保留了大部分被并购公司的管理团队。只有在建设银行收购美国银行（亚洲）时对被并购方的管理团队做出了调整，随之产生了负面的效果：

> "我们在建设银行（亚洲）建立了一个协调小组，其中3名管理人员来自建行总部，1名来自美国银行（亚洲）的原管理人员。然而这个协调小组的做法更多的是中式风格，这与美国银行（亚洲）的高管在被收购前的做法大不相同。与总部的文化冲突导致建设银行（亚洲）半数以上的高管离职。"

一名建设银行（亚洲）的高级副总裁表示，在建设银行收购美国银行（亚洲）的过程中，他们为美国银行（亚洲）的高级管理人员提供了留任奖金，以便在收购完成后获得他们的认可和支持。建设银行甚至给了美国银行（亚洲）的一些高层管理人员访问建行总部和学习的机会。然而，由于管理风格的冲突，半数以上的高管在拿到奖金后选择离职，足以说明其内部合法性建构的失败。而在建设银行（亚洲）收购 AIGF 的案例中，AIGF 主要专注于独立于建设银行（亚洲）的信用卡业务。建设银行（亚洲）允许其独立运营，对原管理团队没有做出任何人事变动，从而提高了其内部合法性。

在三一重工的案例中，三一重工赋予了普茨迈斯特管理层极大的信任，并购后，被并购方董事会和高层管理团队变动不大，只派驻了一名高级助理作为特别联络官进入董事会。并购后，普茨迈斯特继续作为独立品牌运营，原首席执行官 Norbert Scheuch 全权负责普茨迈斯特的运营。Norbert Scheuch 甚至加入了三一重工的董事会，成为三一重工的高级副总裁和执行董事（2012~2013 年）。三一重工格外重视普茨迈斯特的普通员工和高级管理人员，合并后不仅没有裁员，而且还有额外的留任补偿。同样地，均胜电子也给予了德国普瑞高度的自治权，不干涉其日常运营，只参与总体战略的制定。均胜电子保留了德国普瑞的核心管理团队，促进普瑞的自主发展，以增强其内部合法性。作为另一种增强内部合法性的方式，均胜电子还将部分股份转让给德国普瑞的管理团队。正如均胜电子董事长王××表示：

> "作为对管理团队的一种激励，我们将部分股份转让给普瑞的管理团队，并承诺如果五年之后普瑞的业绩超过预期，我们将回购这部分股份。据我所知，我们是第一个将股权激励用于中国企业跨境收购的公司。"

中联重科同样允许 CIFA 保持独立运营，以保持管理团队的信任。CIFA 的执行办公室职位均由当地员工担任。除了首席财务官外，CIFA 保留了原有的运营团队。在收购期间，詹××向意大利著名的商业日报《24 小时太阳报》承诺，完成收购后不会对 CIFA 做出任何裁员，也不会关闭当地工厂，员工的工资和福利将保持不变，并强调要与他们共同努力克服由金融危机所带来的困难。通过这种方式，中联重科在利益相关者眼中建立了初步的内部合法性。有趣的是，尽管中联重科赞扬了 CIFA 的管理，但仍然在中途更换了他们认为不合适的首席执行官，因为原 CEO 在合并后的整合过程中表现得不积极，且 CIFA 的员工对原 CEO 也不满意。正如詹××所说：

> "我们信任 CIFA 的管理层，但不会坐视不管。那些不适合企业发展、不利于资源整合的人，以及那些不遵守规则的人，必须予以替代。"

此外，中联重科与其三位共同投资者签署了"风险共担、利益共享"的战略协议。根据协议，除非三家投资者退出时的股票价值低于最初的投资，中联重科将回购这三家共同投资者持有的股票。收购完成后，弘毅资本、曼达林投资、高盛投资同时帮助中联重科安排和调整管理团队，促进中联重科与 CIFA 管理团队的有效沟通。他们甚至与当地媒体建立联系，扩大中联重科在意大利的影响力，并充分利用其在意大利的商业网络，推动中联重科在欧洲市场的进一步扩张。通过提高内部合法性并获得令人满意的业绩，中联重科增强了其在东道国的外部合法性水平。2010 年 12 月，时任意大利总统授予詹纯新"莱昂纳多国际奖"。意大利一家主流商业媒体对詹纯新进行了长达三页的专访，题为《意大利是中联重科实施国际化战略的试金石》。在这份报告中，他们对合并事件做出了积极的报道，并表示他们"看到了中联重科的全球化视野和国际化跨越式发展模式"。发行量最大的日报之一的"意大利《晚邮报》"也发表了一篇关于中联重科收购 CIFA 的正面报道。两份当地知名媒体的正面报道不仅增加了中联重科在当地的外部合法性，同时由外向内，将积极信号传递到并购公司内部，进一步提高了母公司在被并购子公司的内部合法性。

（四）中国企业跨国并购过程中内、外部合法性的过程模型

成功的跨国公司会注重与政府机构和媒体建立良好的关系，以在收购前阶段增强其外部合法性。在并购前阶段，对于中国跨国公司来说，通过与政府机构的沟通和建立良好的关系来获得政府机构的认可，以增强其外部合法性是非常重要的。高水平的外部合法性意味着外部利益相关者对跨国公司的高度重视和信任，这会向其他利益相关者传递积极的信号（Chan 和 Makino，2007），并成为触发并购事件成功运行的决定性因素。同时，如果在并购前阶段，收购方获得了较高水平的内部合法性（如目标公司内部管理者支持这项并购），那么这可以在一定程

度上促进信息交流，简化谈判过程并降低协调成本。因此，内部合法性在这一阶段也发挥了一定的作用。

在实际合并过程中，努力提高中国跨国公司在东道国（地区）的外部合法性更有利于其在东道国的长期运营和发展。一方面，可以通过与具有良好国际声誉的金融机构进行股权联合治理来实现；另一方面，也可以通过在东道国（地区）就关于雇用当地员工和促进当地经济技术发展作出承诺和保证，以向东道国（地区）利益相关者释放积极的信号。由于与目标公司的谈判是一个复杂的过程，具有国际视野和国际投资经验的共同投资者能够在此阶段扮演一个十分重要的角色。与其合作能够向东道国（地区）利益相关者表明，收购方是可靠且值得信赖的。此外，向东道国（地区）的政府机构承诺成为一个"好公民"也有助于跨国公司在该国（地区）建立良好的外部合法性。

在并购后的整合阶段，收购方应该更加重视内部合法性的建构。在跨国并购实践中，大多数较为成功的中国企业都会允许被并购公司在被并购的最初几年内保持独立运营以提高其在东道国的内部合法性。在具备较高的内部合法性的情况下，被收购公司的管理者会充分利用自己的经验和知识，帮助收购方在并购后提高绩效（Cording 等，2008）。此外，被收购公司的员工也会支持收购，提高他们的参与感和工作效率，从而进一步提高企业绩效（Capron 和 Guillén，2009）。在这一阶段，内部合法性比外部合法性发挥着更为重要的作用。正如均胜电子和建设银行（亚洲）的管理者所指出的：

> "在并购后期，与政府机构和媒体维护关系固然重要，但不如企业的整合与发展重要。"

上述案例分析结果证实了合法性对中国跨国公司跨境并购的成功至关重要（Bell 等，2014），且内、外部合法性的角色重要性在并购活动发生的三个阶段中处于动态变化的过程。基于表5-17、表5-18以及上述案例分析的结果，本章节建立了一个关于并购过程中内、外部合法性的一般过程模型（见表5-19）。结果表明，尽管内、外部合法性对中国企业跨国并购的成功至关重要，但是内、外部合法性角色的重要程度在并购过程的三个阶段中会发生变化：在并购前，来自母国的外部合法性更为重要；在实际合并过程中，获取来自东道国

（地区）的外部合法性更为重要；而内部合法性在合并后的整合阶段扮演着更重要的角色。

表 5-19　基于动态视角下的中国跨国公司合法化建构的过程模型

	并购前	并购中	并购后
内部 合法化 建构	获取目标公司管理者和所有者的认可		（1）维持被收购公司的董事会和高层管理人员不变； （2）尊重员工利益、不裁员、提供补偿金
外部 合法化 建构	（在母国） （1）建立良好的组织形象； （2）与政府机构建立良好的关系，获得政府的支持	（在东道国） （1）与共同投资者合作，如投资基金公司； （2）与咨询公司、律师事务所、会计师事务所等专业公司建立高效的尽职调查团队； （3）承诺为东道国做出贡献，如不裁员、增加税收、经济发展等亲社会行为	（1）组织形象建设； （2）良好的绩效

（五）内部合法性与外部合法性的正反馈循环

企业跨国经营过程中往往会同时面对几种合法性要求，这些合法性要求之间有时是彼此强化，即满足一种合法性要求可能会促进另一种合法性的获取；但有时也是彼此矛盾，即获得某一种合法性可能会削弱另一种合法性获取的能力。因此，单一的合法性管理策略往往不能满足跨国企业实际运营中的合法性管理需求，企业需要根据每种合法性类型的需求进行不同的策略选择，以实现其目标。然而目前，对内部合法性（Brown 和 Toyoki，2013）以及它与外部合法性的交互作用（Lu 和 Xu，2006；Drori 和 Honig，2013）的关注较少。Drori 和 Honig（2013）以创业公司为对象的研究发现内部合法性和外部合法性间存在着相互影响的关系。而在对跨国公司外部合法性和内部合法性进行分析的有限研究中，主要关注跨国公司的海外子公司，分析哪些因素可以促进或限制它们的内、外部合法性，而缺乏对跨国公司母公司所面对的内、外部合法性的思考和讨论。

本小节的案例分析发现，在跨国收购过程中，对于跨国公司母公司的内部合法性和外部合法性间存在着一个积极的双向互动关系的正反馈循环。评价者的合法性判断塑造了一个能够保证内部和外部合法性判断持久性的积极反馈过程（Bitektine 和 Haack，2015）。在某些情况下，从被收购公司获得的内部合法性可以改善甚至克服跨国公司在东道国（地区）外部合法性的缺失。例如，收购方可以在收购后通过承诺不裁员和雇用更多的当地员工来提高其在目标公司员工之间的内部合法性。这一行为也可以通过减少当地失业率被视为一种亲社会行为，从而加强其在东道国（地区）的外部合法性（Stevens 等，2016）。本案例中，中联重科、三一重工、建设银行都明确表示，将遵守当地法律法规，尊重被收购公司的员工，不裁员，维护当地员工的工资和福利。通过这种方式，他们成功地缓解了目标公司高层和普通员工的担忧。此后整个收购过程都相对顺利，没有遭到东道国政府机构或行业协会的抵制。同时我们也注意到，跨国公司在东道国（地区）的外部合法性的提升也能够促进内部合法性的提高。因为被政府和社会所传达的外部合法性会影响个体评估（Bitektine 和 Haack，2015），从而提高收购方的内部合法性（Chan 和 Makino，2007）。例如，在中联重科收购 CIFA 的案例中，面对来自 CIFA 雇员们的误解，一份来自意大利最具影响力的商业媒体的正面报道赋予了中联重科极高的外部合法性，对于局势的有效缓解起到了一定的作用。

第三节　中国跨国公司应对合法性危机的策略选择

对拟进入海外市场的中国企业而言，应该重视地区制度环境差异所带来的影响。在国际化过程中，理清与政府的关系，通过体制改革或通过采取在国际市场上市等战略增加其市场透明性（Li 等，2019），从而满足东道国的制度要求，以获取当地合法性。海外子公司一方面要保持与母公司、同一母公司内的其他分公司和子公司间的密切关系，以维持与强化其在跨国公司集团内部的合法性；另一方面要重视在东道国从事生产经营活动的外部合作关系，例如，在东道国建立自己的合作网络，通过建立外部社会资本来提高自身的外部合法性水平；同时，还应根据母国与东道国间的制度落差，调整自身的战略决策：在制度顺差东道国投资，例如，东南亚、非洲等地国家，其外部社会资本对企业外部合法性的促进作用更为有效。企业应重视在东道国合作关系的建立；当在制度逆差东道国投资时，例如，欧美等发达国家，通过在东道国建立合作关系、构建外部社会资本的方式对海外子公司合法性的提升作用受到限制，企业不仅要重视建立外部社会资本，也需要扩展国际化战略选择，例如，建立与东道国匹配的商业模式等。对拟采用跨国并购模式进行海外市场扩张的中国企业，尤其对于有意在发达经济体国家设立公司的中国企业，需要仔细考虑合法性的重要性并制定合适的国际化战略和策略来加强其合法性水平。当并购海外公司时，尤其是在向发达经济体国家实施逆向跨国并购时，中国的跨国公司既要注意在东道国经营的外部合法性，也要注意来自被收购公司的内部合法性。而根据本书的发现，在并购的不同阶段，两类合法性的作用和重要程度又是动态变化的，跨国公司也应该改变相应的策略以改善利益相关者对其并购活动的合法性认知。例如，在并购前期，注重与本国政府机构和媒体建立良好的关系，更有利于其增强外部合法性，从而推动和获得国内政府对其海外并购投资活动的审批。另外，由于东道国的政府机构越来越多地关注外国公司长期以来的活动和行为，以此来评估它们是否符合政府的长期经济、政治和社会目标（Baum 和 Oliver，1991；Deephouse，1996；Marquis 和 Qian，2013）。因此，通过游说、广告和直接沟通等策略，展示和传播跨国公司将给东道国带来的好处（如就业、税收和技术）（Stevens 等，2016）和承诺对东道国做出贡献等方式，也是中国企业建立和获得东道国政府机构的外部合法性的一个有效方式。在实际的并购阶段，通过与具有高信誉和高声誉的国际金融机构进行联合股权治理、与有信誉的供应商等利益相关者进行合作，同样有利于增强中国企业在东道国的外部合法性。这些国际化的专业公司还可以帮助其了解东道国的法律法规和跨国收购的法律程序。在并购后期，通过非正式的控制策略，允许被并购公司在最初的几年保持原有的管理团队并维持其独立运营，可能是一种有效缓解由制度差异和文化差异所引发冲突的方式，有利于增强跨国公司母公司的内部合法性。相关管理者应当重视东道国利益相关者对我国政府与市场关系以及企业政治关联的负面认知，要认识到该负面认知不利于我国跨国公司内、外部合法性的获取和构建，从而阻碍其跨国经营过程，不利于跨国公司利用国际化的"跳板"作用获取创新资源反哺母公司创新能力。我国政府应继续加大制度改革力度，降低各地方政府对市场的干预程度，建立自由市场机制，并引导企业（尤其是国有企业）进行现代化改革。同时，加强地方司法建设，规范企业行为的合规性，保证市场运行规范，逐步缩小与发达国家的制度差距，从而转变东道国利益相关者对我国制度环境的认知，提升我国跨国公司的海外合法性水平。本书加深了对跨国企业非市场战略的理解（Doh 等，2017），也进一步丰富了跨国公司的制度基础观，为跨国企业的管理实践提供了贡献。

第六章　负责任的海外投资：
ESG 与中国 OFDI 发展

　　诺贝尔经济学奖得主米尔顿·弗里德曼认为，只要遵守规则，企业唯一的社会责任就是增加利润，施加给企业的其他责任要求不仅不可行，甚至是对市场经济的侵蚀。这种股东利益至上的观点曾经是企业经营的主流观点，然而随着气候变化、贫富差距、传染性疾病等众多产生国际影响的环境和社会问题日益突出，该观点正面临诸多质疑（谢红军和吕雪，2022）。随着可持续发展理念深入人心，负责任投资已引起国内外各界的普遍重视。过去几十年，跨国投资企业的社会责任研究逐渐成为国际商务研究中的重要主题。在激烈竞争的全球化商业环境中，企业社会责任战略的有效实施，既有助于实现可持续发展，也有助于企业的业务增长和绩效的提升。越来越多的跨境投资企业开始制定全球企业社会责任战略，并在国际化过程中积极实施这些战略，要么制定自己的政策、规则和标准以有效进行绿色投资，要么作为成员积极参与现有的国际活动，如加入联合国全球契约。2019 年，多家美国顶级公司 CEO 在"商业圆桌会议"上联合签署了《公司宗旨宣言书》，该宣言革新了企业基于股东权益最大化做出经营承诺的基本内容，认为企业需要在保持自身企业宗旨的基础上，对所有利益相关方都有着共同的承诺。与此同时，投资者关注也逐渐从企业财务绩效转移到企业可持续发展绩效，全球责任投资规模不断攀升，截至 2023 年 10 月，签署联合国负责任投资原则（Principles for Responsible Investment，UN PRI）的投资机构数目已经多达 5339 家。随着"双碳"目标的提出与落实，秉持相对恒定的发展理念和战略决策来应对经济、社会和环境层面的可持续性挑战，也已经成为现在企业生存发展的底层逻辑。

第一节 ESG 在中国

随着全球化的纵深发展与"走出去"战略和"一带一路"倡议的稳步推进，在以国内大循环为主，国内国际双循环相互促进的新发展格局下，中国融入世界经济的程度日益加深，也已成为具有全球影响力的对外投资大国。党的二十大报告明确指出，我国将加快构建新发展格局，着力推动高质量发展，提升贸易投资合作质量和水平。相关政策为中国企业提供了国际发展合作的机遇与保障，中国企业国际化已经成为世界范围内国际商务领域备受关注的重要研究议题。而如何推动企业国际化则一直是理论界与实务界关注的热点问题，跨国经营的企业在国际市场中要面临来自母国和东道国的双重制度压力，外来者劣势和来源国劣势使中国企业在海外经营过程中面临较严重的合法性危机。因此，如何借助 ESG 战略实践帮助中国跨国企业克服双重劣势，进一步地融入全球合作与创新网络，对于寻求经济发展转型升级的中国尤为重要。

一、ESG 政策发展历程

近年来，随着资本市场中的社会责任理念不断深化，导致 ESG 理念在西方国家兴起并迅速发展，在中国也引起越来越多的关注。与社会责任理念在中国的不断演进相伴随，ESG 的发展同样需要政策支持和引导。尽管 ESG 理念在 2004 年就由联合国环境规划署提出，但有关 ESG 体系的建设却一直是"进行时"，即便在欧美成熟市场也还未形成一套可以普遍适用的标准。没有国际统一标准，对于中国 ESG 发展来说既是挑战也是机遇。

经过多年探索与实践，ESG 已在中国落地生根，并形成了独有的政策体系和行动模式。国内 ESG 信披制度演进，以披露促管理路径渐明。国内有关部门日益重视 ESG 信息披露制度建设，国务院国有资产监督管理委员会（以下简称国资委）明确 2023 年央企控股上市公司 ESG 报告争取"全覆盖"后，首次面向央企上市公司推出 ESG 信披框架参考。同时，国家财政部、中国证券监督管理委员会等部门积极参与国际可持续发展信息标准建设工作，未来有望推出接轨国际标准的本土 ESG 信披指引，并通过强化相关信息披露，引领上市公司的可持续治理和高质量发展。

从我国 ESG 政策发展历程中来看，我国在 ESG 方面做出许多努力，自 2006 年中国香港联合交易所（以下简称《中国香港联交所》）发布《环境、社会及管治报告指引》（第一版）鼓励上市公司自愿披露社会责任相关信息。2008 年国务院国资委发布《关于中央企业履行社会责任的指导意见》，要求央企建立社会责任报告制度，有条件的定期发布社会责任报告或可持续发展报告。2013 年深圳证券交易所发布《上市公司信息披露工作考核办法》，将信披质量分为四个等级，其中未按规定披露社会责任报告的上市公司信披考核结果不能为 A。2015 年中国香港联交所发布修订后的《环境、社会及管治报告指引》（第二版），要求扩大披露的范围，将披露建议全面调整为"不披露就解释"，持续提升对在港上市公司的 ESG 信息披露要求。2016 年国务院国资委发布《关于国有企业更好履行社会责任指导意见》中要求国有企业建立健全社会责任报告发布制度，定期发布报告。2018 年 A 股正式纳入 MSCI 新兴市场指数，所有被纳入 MSCI 的上市公司都需要接受 ESG 评级。同时，证监会修订了《上市公司治理准则》要求上市公司按照法律法规和相关要求披露环境信息和社会责任信息。2020 年上海证券交易所发布的《科创板股票上市规则》中规定科创板公司应当在年度报告中披露履行社会责任情况，并视情况编制和披露社会责任报告、可持续发展报告、环境责任报告等文件。2021 年生态环境部发布《企业环境信息依法披露管理办法》要求符合条件的重点排污单位、上市公司、清洁生产审核企业、发债企业强制披露环境信息。2022 年上海证券交易所发布《关于做好科创板上市公司 2021 年年度报告披露工作的通知》要求科创板公司应当披露 ESG 信息，科创 50 指数成分公司应当在年报披露的同时披露社会责任报告或 ESG 报告。国务院国资委也发布《提高央企控股上市公司质量工作方案》要求推动更多央企控股公司披露 ESG报告，力争到 2023 年相关专项报告披露全覆盖。2023 年国资委研究中心表示正在研究推动中央企业控股上市公司到 2023 年全部实现 ESG 信息披露，并加快推进本土化 ESG 体系发展，强化 ESG 信披要求。2024 年沪深北证券交易所正式发布《上市公司可持续发展报告指引（试行）》，对上市公司可持续发展报告披露作出规范，正式开启可持续发展报告披露时代迎来中国 ESG 披露监管元年（见图 6-1）。

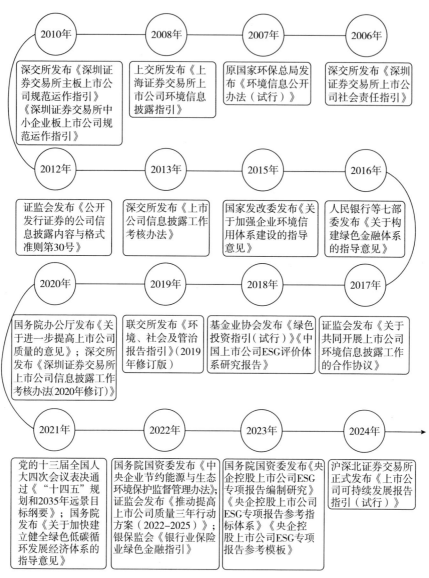

图 6-1 中国 ESG 政策发展历程

资料来源：《2023 中国 ESG 发展白皮书》。

在地区层面，北京、上海、苏州三个城市也相继发布了促进 ESG 发展的政策。由北京市发展改革委发布的《北京市促进环境社会治理（ESG）体系高质量发展实施方案（征求意见稿）》中提到北京 ESG 高质量发展体系要在 2027 年逐步完善，加快形成生态体系，力争在京上市公司 ESG 信息披露率达到 70%，ESG 评级水平进一步提升，ESG 实践进一步丰富和深化，ESG 相关标准体系进一步完善。到 2035 年，北京 ESG 体系高质量发展步入法治化轨道，信息披露充分高效，ESG 生态体系完备，评级体系高水平特色化凸显，ESG 实践丰富多彩，监管体系运转有效，成为 ESG 发展全国高地和国际代表性城市。由上海市商务委员会发布的《加快提升本市涉外企业环境、社会和治理（ESG）能力三年行动方案（2024-2026 年）》，旨在推动涉外企业 ESG 的能力和水平。总体的政策目标是，到 2026 年基本形成本市政府、行业组织、涉外企业、专业服务机构共同参与、协同发展的涉外企业 ESG 生态体系。苏州工业园区召开 ESG 产业发展推进大会，发布了《苏州工业园区 ESG 产业发展行动计划》《苏州工业园区关于推进 ESG 发展的若干措施》两份文件，旨在聚焦 ESG 专业领域，进一步推动园区产业绿色化、高质量发展，为园区新质生产力发展增添强劲动能，共同绘就 ESG 产业发展蓝图。三个城市都将 ESG 理念置入"双碳"和高质量发展的政策框架之中，将重点放在 ESG 信息披露（ESG 报告）和 ESG 评级的提升上，可以从中洞察出一种趋势，即 ESG 的影响力逐步从资本市场扩展至实体经济，最终落脚到实体企业的经营与管理，即 ESG 由虚向实的一种变化。

现阶段我国 ESG 发展呈以下两个特点：①我国的 ESG 政策起源于环境和社会责任信息的自愿披露，并逐渐扩大强制披露范围。我国主要的 ESG 政策最早可以追溯至 20 年前，以自愿披露环境信息和社会责任信息为主。2008 年开始，上海证券交易所要求符合条件的上市公司披露环境信息和社会责任报告，由此环境信息和社会责任信息逐渐进入自愿披露与强制披露相结合的阶段。而香港联交所也从 2012 年鼓励上市公司披露 ESG 报告，到 2015 年要求"不披露就解释"，全面提升对在中国香港上市公司的 ESG 披露要求。到近年，ESG 报告被更多监管部门提及，而不仅是要求披露环境信息和社会责任信息，强制披露范围也逐步扩大。②我国 ESG 的形成主要以监管部门引导为主，区别于国际上 ESG 以市场驱动为主。我国 ESG 相关的监管部门主要涉及国务院国资委、生态环境部门、中国人民银行、证监会和证券交易所（包括上交所、深交所和港交所）。在我国 ESG 政策的发展过程中，监管部门起到了非常重要的引导作用。例如，国务院国资委对中央企业和国有企业披露社会责任报告或 ESG 报告提出了明确要求。生态环境部门对环境信息披露作出了具体要求，信息披露的主体和内容都较以往更加完善。

总体来看，我国 ESG 体系在不断完善中，通过政策的引导，越来越多的上市企业步入 ESG 行列。在"双碳"战略下，作为我国经济重要的组成部分，国企、央企上市公司在创新、与国际接轨方面承担着更多的带头示范作用，从而有助于推动我国 ESG 公司治理的国际化。信息披露工作是引导企业关注环境、社会和公司治理影响的契机与抓手，将对推动中国企业加强科技创新、全面履行社会责任、完善公司治理等发挥积极作用；在"双碳"和共同富裕的国家方略推动下，ESG 也将成为中国企业实现绿色转型、创造更高社会价值、获得长期稳定发展的必经之路，也是规范跨国企业实施负责任的海外投资的有效抓手。

二、ESG 实践举措

作为"舶来品"，ESG 理念在中国经历了从理论产生到政策推动再到实际践行的发展历程，在这个过程中，中国政府、企业和社会各界共同推动了 ESG 在国内的理念普及和实际应用。起初是金融证券市场中的交易机构率先在全球化浪潮中意识到 ESG 理念的兴起，并尝试制定了上市公司 ESG 相关的信息披露准则以满足海外投资者的需求。随后，政府部门和监管机构陆续颁布政策文件以规范 ESG 披露、投资或评级等各方相关的 ESG 活动。因此，国内 ESG 相关的制度建设相较海外发达国家而言起步稍晚。2006 年和 2008 年，深圳证券交易所和上海证券交易所先后要求上市公司提交社会责任报告，这意味着企业不仅需要考虑其对自然环境的影响，还需要尽力去承担与披露相应的社会责任；2008 年，全球金融危机的爆发也推动企业去思考如何通过改善公司治理以实现企业长期稳定可持续的发展。由于缺乏统一的标准和要求，ESG 相关的理念与政策在初期并未得到广泛践行，因此 ESG 在国内的发展只能说是初见苗头。一直到 2018 年，中国证监会修订发布的《上市公司治理准则》中才首次确立了 ESG 信息披露的框架，而根据 2018 年中国社会科学院发布的《中国企业社会责任报告研究》显示，中国 A 股上市公司 ESG 关键指标披露率仅为 9.4%。

随着中国经济社会向着高质量发展的方向转型升级，实现"双碳"战略目标、绿色可持续发展也成为新的时代底色，国家政府、市场监管、第三方机构等有关主体在此背景下相继推出与 ESG 相关的多项政策、法规与倡议，进而逐渐明确了国内 ESG 的发展目标和实施路径。而在 2024 年，ESG 在中国的落地又迈出了重要的一步，沪北深交易所最新发布的《征求意见稿》鼓励 A 股上市公司发布可持续发展报告或 ESG 报告，并对报告框架、披露内容等方面提出具体要求，这一举措标志着 A 股 ESG 信息披露迎来了里程碑式的新跨越，ESG 逐渐成为我国上市公司的"必修课"。得益于前述政策的大力推动与支持，ESG 在我国的实践通过各方的共同努力也在稳步向前，企业通过将 ESG 理念融入其战略规划和日常经营中以实现经济效益与社会效益的双赢，资本市场将以 ESG 为代表的责任投资视为重要投资方向使 ESG 投资规模在我国持续增长，社会各界对 ESG 高涨的关注度与重视度促使国内 ESG 评级机构和指数供应商纷纷涌现。由此可见，ESG 在中国并不单是一句简单的口号，而是真正体现在企业、市场、社会等各方主体的实际行动中，并且在短期内于多个维度都取得了一定的实际成效。

在企业层面，少数中国企业（如阿里巴巴、京东、联想等）作为先行者，早期在各自原有的社会责任实践基础上，对环境保护、社会责任、治理结构设计三个方面进行了全面布局和持续改进，以承担社会责任和实现可持续发展，并取得了显著的成效。这些企业发展至今已经从战略角度思考和认同 ESG，并将 ESG 全方位地融入到企业的日常治理、管理和业务场景中，ESG 与企业发展、价值创造正紧密地融合在一起，这些企业孕育出了以多利益相关方为基础、寻求长期共赢的新商业范式。如今，国内企业界的 ESG 实践正欣欣向荣，在新发展理念、高质量发展、"双碳"目标等政策推动，海外市场要求以及其他利益相关者的共同关切下，有越来越多的中国企业开始加速拥抱 ESG。在众多企业中，作为国民经济重要支柱的国有企业和央企控股上市公司，越来越重视将防范环境风险、创造社会价值和提升公司治理水平结合至经济活动中。如中国石油化工集团有限公司（中石化）作为关系国民经济命脉和国家能源安全的大型中央企业，一直是国内能源企业中 ESG 实践的佼佼者：在环境方面，中石化通过采用清洁生产技术、推广节能减排措施，努力减少环境污染和资源浪费，致力于打造全产业链"净零"生态圈，同时还积极参与支持可持续发展目标的环保组织和项目以提高其环境声誉。在社会方面，中石化重视员工福利和社区关系，建立了公正的薪酬体系，并为员工提供丰富的培训和发展机会，此外还通过公益项目和慈善捐赠等方式回馈社会；在治理方面，中石化建立了完善的公司治理结构和清晰的内部控制体系，确保经营活动合规透明，并尊重股东和利益相关方的权益。随着"双碳"目标与 ESG 理念的持续推进，国企和央企的 ESG 实践为形成具有中国特色的 ESG 模式做出了贡献，在服务国民经济发展、创造社会价值方面发挥了重要作用。除了积极投身各类活动践行 ESG 理念以外，越来越多的企业关注到 ESG 所带来的影响，这些企业的实践超越了投资者导向的单一视角，开始从被动到主动去披露自身的 ESG 相关信息。从 A 股上市公司 ESG 信息披露情况来看，根据 Wind 数据库，自 2020~2023 年来独立披露社会责任报告及 ESG 报告的企业数量逐年递增，从 2020 年的 1000 余家到 2023 年的突破 1800 家，其中央企上市公司披露覆盖率在 90%，在率先实现 ESG 信息披露全覆盖上发挥了带头作用。根据《2023 中国 ESG 发展白皮书》，截至 2023 年 7 月底，A 股 2022 年度 ESG 信息披露率已经提升到 34.85%，覆盖了 A 股总市值的 3/4。

在资本市场层面，截至 2023 年 7 月底，签署联合国负责任投资原则①（Principles for Responsible Investment，UN PRI）的投资机构数目已经多达 5384 家，随着全球责任投资的规模扩大，国内资本市场对 ESG 的关注度也在不断提高，越来越多的机构展示了自身 ESG 投资意愿。投资者不再仅从单一盈利指标去评估企业价值，而是开始将 ESG 这一融合了环境、社会、治理的多维指标纳入投资决策中；同时，国内沪、深两大证券交易所也鼓励上市公司发布可持续发展报告或 ESG 报告，并对报告框架、披露内容等方面提出具体要求，推动 ESG 信息披露的规范化和标准化。通过信息披露、量化评估和投资策略指引等途径，ESG 已成为当今国内外投资者评估企业的一个重要标准。尤其是在 2020 年 "双碳" 提出后，ESG 投资与国家战略及宏观经济发展理念高度契合，相关政策监管和规范标准愈加成熟使得 ESG 投资在中国得以飞速发展，国内资本市场对 ESG 的投资规模大幅扩张、投资范围也不断扩大，据 Wind 统计，截至 2023 年 6 月 30 日，全市场 ESG 公募基金已达 464 只，资金管理总规模达到 5765.84 亿元（不包含未成立和已到期），加入 UN PRI 的中国机构已达 140 家，中国投资者在全球负责任投资进程中正在扮演着越来越重要的角色。然而，ESG 投资在我国发展仍然处于早期，与国内公募基金行业整体的产品数量及规模体量相比，ESG 类公募基金数量和规模占比较为微小。与此同时，由于投资理念认知不足、数据披露不完整、

---

① 由联合国前秘书长科菲·安南于 2006 年牵头发起，旨在帮助投资者理解环境、社会和公司治理等要素对投资价值的影响，并支持各签署机构将这些要素融入投资战略、决策及积极所有权中。

缺乏权威统一评价体系以及"漂绿"行为造成干扰等问题的存在，我国 ESG 投资的发展仍在不同程度上受到牵制。

在社会层面，随着以 ESG 投资为核心的责任投资趋于主流，投资者对企业 ESG 表现的关注度大幅提升，国内监管部门和交易所也先后发布各种 ESG 信息披露原则和指引，为国内 ESG 市场的健康发展提供了保障。针对 A 股上市公司的 ESG 评价也随之起步，国内涌现了许多 ESG 评级机构和指数供应商，这为企业和投资者提供了丰富的 ESG 评价和投资工具。一方面，公募基金、银行、券商、专业 ESG 服务机构等先后推出以 ESG 为主题的指数产品，如融绿—财新 ESG 美好 50 指数、万得·嘉实 ESG 系列指数、中证华夏银行 ESG 指数等国内主要的 ESG 指数。这些指数对 A 股上市公司在环境、社会责任和公司治理者三个维度的表现进行了评估，并将表现突出的公司纳入指数或是将表现不佳的企业剔除，为投资者筛选 ESG 投资标的提供了重要的参考依据。另一方面，尽管海外的 ESG 评价体系和评级机构具有较高的影响力和权威性，但由于其获取中国企业的公开信息存在一定困难并且没有充分考虑我国国情特色，国内企业的 ESG 评级整体来说并不高，而随着越来越多的投资机构将 ESG 作为重要的评价标准，国内针对 A 股上市公司的 ESG 评价体系也逐渐丰富完善，华证、商道融绿、Wind 等评级机构在国内的影响力也日益提升，成为国内学者、管理者、投资者等评估企业 ESG 绩效的参考。然而，值得一提的是，无论海外还是国内对于 ESG 的评级都没有形成统一的标准，国内的 ESG 评级还处于起步阶段，不同评级方对于 ESG 体系的衡量和测算方式不同，考虑涵盖的方面及获取数据的渠道也不同，这就造成了 ESG 评价结果的分歧。如何依据成熟的国际经验，结合中国特点及上市公司属性建立相对清晰、统一的 ESG 评价体系成为如今国内评级机构和指数供应商亟待解决的问题。此外，国内许多高校也成为 ESG 生态体系建设中的重要一环，相继牵头成立了针对企业绿色发展、社会责任和公司治理方面的研究机构或学术平台，如 2020 年首都经济贸易大学率先成立中国 ESG 研究院，2022 年上海财经大学和富国基金联合创立了 ESG 研究院。这些研究机构通过结合中国情境研究 ESG 前沿问题，围绕 ESG 产出科研成果和培养专门人才，进一步推动了 ESG 研究成果在实践中的转化，为国内 ESG 的发展注入了不同的力量。

随着全球 ESG 发展的持续升温和中国 ESG 实践的不断深化，中国企业正在迅速发展 ESG 战略、制定执行框架、增强履责能力，在产业结构调整和经济转型的关键时期，我国 ESG 实践应立足国情、接轨国际，充分体现出本土化和国际化的融合。在全面建设社会主义现代化国家的新征程中，ESG 的落地实现有望将在我国发挥更加重要的作用，并且不断助力国内经济与社会的可持续发展。

第二节　ESG 与中国跨国企业

随着全球化的纵深发展与"走出去"战略和"一带一路"倡议的稳步推进，在以国内大循环为主，国内国际双循环相互促进的新发展格局下，越来越多中国企业在政策支撑下走出国门并在海外迅速扩张，这使我国融入世界经济的程度日益加深；同时，随着资本市场对外开放的逐步深入，A 股的国际化程度也大幅提升，越来越多的中国股票被纳入全球基准，而由于全球商业环境对可持续发展的关注不断增加，发达国家的资本流入带动了新兴国家在 ESG 投资方面的发展，持续流入 A 股的外资也对上市公司在 ESG 上的表现提出了更高的要求。这些内外部动因驱使着中国跨国企业考虑将 ESG 理念纳入自身的经营战略中，通过在环境、社会和治理方面建立起一定优势以提高我国跨国企业在国际市场的核心竞争力，并且部分业界实例也表明仅以利润最大化为目标而拒绝考虑 ESG 的影响将使企业的国际化进程受阻。然而，跨国企业在国际市场中践行 ESG 也面临着更大的障碍和挑战，由于地域与文化差异等因素可能导致对 ESG 的差异化看法，因此这也对跨国企业进行 ESG 实践提出了更高的要求。

一、负责任的国际化进程中的挑战

ESG 作为一个涵盖了企业在内部治理和社会表现多维信息的综合指标，其展现出的社会利益包容性有助企业树立负责任的投资者形象，可以克服外来者劣势，进而使企业在跨国投资中有能力应对额外的非财务性挑战，也可以降低企业国际化进程中不确定事件所带来的负面冲击。然而，在单一制度背景下的 ESG 实践尚且需要投入大量的资源和精力，促使企业不断权衡短期经济利益和长期可持续发展之间的关系，国际市场中的 ESG 实践则更加复杂。跨国经营的企业要承担来自母国和东道国的双重制度压力，外来者劣势和来源国劣势使中国企业在海外经营的过程中面临着较严重的合法性危机，这种复杂的制度背景嵌入也为跨国企业进行 ESG 实践带来了额外的障碍和挑战。

一方面，这些障碍和挑战与我们目前所处的复杂与不确定的国际大环境有关，在本书的第一章中，详细介绍了当今"逆全球化"思潮抬头现象，正是在该思潮的影响下，部分国家和地区采取集团主义、保护主义、单边主义，对以我国为代表的新兴经济体的后发企业附加了很多限制，尤其是在跨国贸易和投资活动方面，我国企业需要面对更加束紧的政策，事前的安全审查和事中的环境保护与消费者权益等系列隐性壁垒日益频繁，这些壁垒对国内企业的海外经营带来了额外的非财务性挑战。

另一方面，新兴市场国家长期以来都面临着声誉和合法性赤字问题，其制度的空白与相对不成熟一直被视作新兴市场企业进行国际化扩张的制度性诱因，在东道国利益相关者的眼中，这些跨国企业可能会因为母国压力而转移不负责任的经营活动（如污染的跨境转移），从而被认为是"麻烦"的制造者，这种"制度逃逸式"的国际投资会使新兴市场企业在东道国面临更为严重的合法性挑战。同时，跨国企业还面临更为复杂多变的营商环境，由于各个国家和地区在法律、文化、价值观等方面存在差异，不同东道国对 ESG 的认知和评价也不同，因此，为了响应东道国的多元化利益诉求、评价标准、监管模式，跨国企业还需要适应这些差异并结合制定相应的策略，这就带来了更多的遵守成本。

因此，寻求一条路径以帮助我国跨国企业克服上述障碍与挑战，树立负责任的大国形象，进一步融入全球合作与创新网络，对于寻求经济发展转型升级的中国尤为重要。

二、跨国企业的 ESG 实践与成果

正如前文所述，全球责任投资规模和范围不断攀升，国内机构在理念普及、政策扶持、监管推动等多重因素作用下也争先踏足 ESG 投资领域，近 4 年 PRI 中国各类型机构签约情况如图 6-2 所示，许多中国跨国企业都力图在全球可持续发展浪潮中抓住转型机遇。

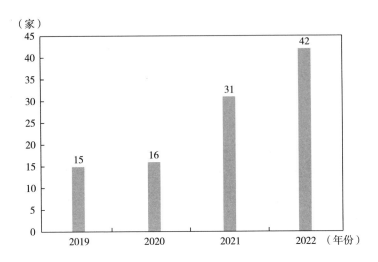

图 6-2　2019~2022 年 PRI 中国签约机构累计数量

随着全球投资者和消费者对可持续性的广泛追求，东道国（尤其是发达国家）的政府、社区、公民等利益相关者对新兴跨国企业在环境、社会和公司治理方面的要求变得越来越严格。而我国作为世界第二大经济体、最大的新兴经济体，在国际市场中发挥着越来越重要的作用，我国跨国企业也面临着更高的 ESG 期望。在环境方面，东道国期望中资企业在减少温室气体排放、降低能源消耗、保护自然资源等议题上采取积极的行动，还关注中资企业在废水处理、废弃物管理和生态保护等方面的表现；在社会方面，东道国希望中资企业遵守国际劳工标准，并对中资企业的劳工权益保护、人权尊重、安全生产和社区公益事业参与等方面提出了更高的期望；在公司治理方面，东道国尤其关注中资企业信息的透明度及准确及时披露，还关注中资企业遵守国际反腐败和商业道德等合规性和道德性标准。这一系列要求既为我国跨国企业如何在东道国进行 ESG 实践提供了相应的行动准则和指引，也成为推动我国跨国企业可持续发展转型的机遇。

如今，中国企业的海外竞争逐渐从基础制造出海，进化到 ESG 出海的全新层面，而当企业遵循 ESG 原则将利润最大化目标转向兼顾经济价值和社会价值时，企业的竞争逻辑和优势将发生深刻变化，通过积极应对和履行各东道国在 ESG 方面的需求，跨国企业可以提升竞争力、获取潜在商机，并与东道国利益相关者建立长期稳定的合作关系。例如，以跨境电商 SHEIN 为代表的新一代中国全球化企业就抓住了机遇浪潮，不仅在商业领域取得了显著成就，更在全球范围内积极践行 ESG 理念，成为中国跨国企业 ESG 出海成功的典范。SHEIN 凭借其数字化柔性供应链实现了更敏捷、更柔性的按需供应，从源头上大幅减少了资源浪费，同时，得益于数字化工具与标准化管理体系，SHEIN 对社会化供应链有着更大的整合能力，使其在产品制造全程均可有效地贯彻 ESG 理念（如采用新技术来减少商品生产过程中的水资源消耗、推广使用可持续的再生塑料制作包装、成立二手平台促使买卖双方参与循环经济等），以实际行动推动了可持续发展的进程。SHEIN 的成功实践表明，商业模式与 ESG 理念的一体化融合不仅可以提升企业自身的竞争力，更能为产业乃至全球环境带来长远且积极的影响。SHEIN 的 ESG 实践路径，提供了可供参考的本土化落地案例。

此外，"一带一路"倡议经过十年发展，已经成为开放包容、互利互惠、合作共赢的国际合作平台，国家"十四五"规划纲要又明确提出要"贯彻新发展理念，促进经济社会发展全面绿色转型，推动建设绿色丝绸之路"，参与"一带一路"共建成为我国跨国企业展现大国担当、树立负责任的国际形象的重要渠道。越来越多的国内企业在参与与沿线区域国家经贸合作的同时，也通过 ESG 相关理念、产品、项目"出海"，使中国企业的 ESG 影响力辐射到许多国家及地区，并为当地带来了积极改变的同时，为应对全球气候变化、保护生态环境和生物多样性做出了积极贡献。例如，在能源投资合作方面，我国企业在海外投资兴建了大批清洁能源项目，帮助东道国降低碳排放水平，加快实现能源转型；在基础设施建设方面，我国企业在设计和承建项目时，将绿色低碳理念融入到项目全生命周期管理中，因地制宜运用各种新技术、新设备、新工艺、新材料，打造了一批典范工程；在境外经贸合作区建设方面，我国大力吸引绿色产业入驻、培育低碳项目，同时在合作区建设、运营和管理中不断进行绿色升级改造，致力于打造低碳示范区；在传统产业绿色转型方面，我国企业持续关注着传统棕色行业高能耗、高污染、高排放项目的低碳改造和建设，成为东道国实现绿色发展不可或缺的重要组成部分。

目前，我国企业在海外履责的发展态势总体向好，但面对国际新环境和新语境，中国企业也面临履责环境更为复杂、履责能力有待提升、危机事件时常突发等挑战，需要积极调整和适应，在更好履行社会责任的同时，不断提升企业国际形象、提高企业国际市场竞争力。

第三节 ESG 理念下中国企业的 OFDI 发展

一、ESG 理念下 FDI 的发展

中国对外开放 40 多年来，外资企业已经成为活跃在中国经济和社会舞台上一支不可或缺的重要力量。外资企业在中国投资，引入了先进技术和管理经验，提供了丰富的产品和服务，是中国经济发展的参与者、贡献者；与此同时，外资企业得益于中国经济快速发展所创造的广阔发展空间，成为中国对外开放的直接受益者。

我国的外商投资安全审查制度和机制不断完善。对影响或者可能影响国家安全的外商投资进行安全审查，是国际通行做法，中国自 2011 年开始建立外商投资安全审查制度。随着《中华人民共和国外商投资法》等相关配套法律法规的不断完善，中国外资安全审查工作也逐步与国际接轨。2021 年 1 月 18 日，《外商投资安全审查办法》开始施行，规定了适用审查的外商投资类型、审查机构、审查范围、审查程序、审查决定监督执行和违规处理等，进一步提高了审查工作的规范性、精准性和透明度，尽可能减少对外商投资活动的影响，保护外商投资积极性和合法权益。同时，依据法律规定，中国建立了外商投资安全审查工作机制，工作机制办公室设在国家发展改革委，由国家发展改革委、商务部牵头，承担外商投资安全审查的日常工作，推动外商投资安全审查机制不断完善。

作为中国社会经济组织的重要组成部分，长期以来，外资企业注重履行社会责任，积极参与、促进中国社会发展和进步，取得了显著成绩，部分企业成为中国履行社会责任的企业标杆。当前，中国进入中国特色社会主义新时代，"中国开放的大门不会关闭，只会越开越大""凡是在我国境内注册的企业，都要一视同仁，平等对待"等理念的提出，对外资企业在中国的发展既提供了新机遇，也提出了新要求。中国社会对于外资企业履行社会责任越来越重视，希望外资企业发挥投资、技术、管理等优势，紧跟中国发展战略，积极为中国经济、社会和环境问题的解决做出贡献。中国社会对于企业披露社会责任信息的要求越来越明确，越来越普遍。中国政府不断完善企业信息披露的政策和机制，希望企业通过

发布企业社会责任报告/可持续发展报告等方式，提高企业运营和决策透明度，加强利益相关方沟通。对于外资企业来说，通过发布中国区社会责任报告，是向利益相关方呈现全球理念与实践在中国本土落地以及与中国业务运营相结合的过程，是促进自身业务发展的内在动力，改善外资企业在华运营环境，提升外资企业整体的负责任形象，推动外资企业在中国事业的发展。近十年来，已经有近百家在华外资企业发布了中国区社会责任报告，均受到中国社会的积极评价，赢得广泛赞誉。

中国外商投资企业协会高度重视外资企业履行社会责任，自 2014 年起，连续三年向社会公布外资企业社会责任优秀履责实践案例、发布外资企业在中国履行社会责任指数报告。2017 年 5 月，中国外商投资企业社会责任工作委员会正式成立，明确提出通过编写和发布《中国外商投资企业社会责任报告编写指南》（以下简称《指南》），引导外资企业重视社会责任报告的作用，鼓励、促进更多外资企业定期发布社会责任报告。《指南》借鉴国内外企业社会责任和社会责任报告相关标准，吸收外资企业在中国编写和发布社会责任报告的经验，力争符合外资企业特点，推动更多外资企业将社会责任报告的编写和发布纳入议事日程，提升外资企业在中国的责任竞争力，树立外资企业在中国的负责任形象。

二、ESG 理念下 OFDI 的发展

在"走出去"和"一带一路"倡议的背景下，中国对外投资规模不断增长，影响力不断扩大。中国企业投资经营活动（尤其涉及环境与社会议题的活动）往往获得更多关注。由于全球利益争端问题不断出现以及诸多国家内部的收入分配不公平趋势不断恶化，近年来"逆全球化"现象开始形成并逐步加深，其中在国际投资领域的重要体现是全球范围内的外资限制政策不断增加，这意味着国际投资保护行为的蔓延。国际投资保护主义是指东道国出于政治或经济目的，设置障碍和壁垒刻意限制外资企业发展的行为。作为国际投资新兴力量，我国企业对外直接投资近年来表现较为活跃，国际化程度不断提升，但同时也面临较大限制问题。在这种背景下，应对国际投资保护成为提升我国企业对外直接投资安全性的当务之急。企业社会责任标准是东道国限制外资进入的手段之一，已成为国际投资保护的主要形式，使我国企业在对外直接投资中面临较大的社会责任风险。近十年来，资本市场越来越重视企业经营的可持续发展，尤其关注企业的环

境、社会和公司治理（ESG）表现。企业的 ESG 信息披露质量成为资本市场以及更广泛利益相关方的重要关注点。

ESG 相关信息披露是进行有效 ESG 评级的基础，从国际上来看，越来越多国家已逐步建立上市公司 ESG 信息披露制度，尤其是在 ESG 投资历史较长、发展已较为成熟的国家及市场，更为重视企业尤其是上市公司的 ESG 相关信息披露状况。相比之下，国内对社会责任报告的披露规则仍有待完善，但近几年也在不断提升中。我国企业在进行对外直接投资活动中也在加大对 ESG 的投入，以此来提升企业进行对外直接投资的合法性。《中国企业境外投资 ESG 信息披露指南（2021 试行版）》是由福特基金会（美国）北京代表处支持、上海浦东新区思盟企业社会责任促进中心与商道纵横完成编写工作的一份指南报告。旨在帮助中国企业识别其境外投资行为涉及的重要环境、社会影响，积极回应各利益相关方的公开透明诉求，帮助企业规避和管理境外投资（包括直接投资与间接投资）的环境与社会风险，助力中企在国际上树立负责任的形象。并且依据国内外投资相关的法律法规政策及指引性文件、监管机构的 ESG 披露规定、行业 ESG 信息披露指引、国际倡议等编制而成，为各行业在境外开展投资与经营活动的中企提供通识参考。还总结了境外开展投资与经营行为的中国企业披露信息时应遵循的六大原则，并建议企业关注包括基础披露、治理披露、环境披露、社会披露四大层面共 21 个相关核心议题，同时对各议题下应披露的内容与披露项做出明确。为我国企业进行对外直接投资提供了指引和帮助。

近年来，中央企业和地方国资国企以习近平新时代中国特色社会主义思想为指导，紧紧围绕贯彻新发展理念，紧紧围绕更好满足人民美好生活需要，承担了许多投资大、收益薄的重大基础设施和公共服务建设，实施了许多造福群众、改善民生的重大项目，扛起了大量急难险重、复杂艰巨的抗击救援重担，得到社会各界的广泛赞誉。2023 年发布的《中央企业海外社会责任蓝皮书（2023）》中全面展示国资国企履责丰富实践和积极成效，中央企业在海外履责中，不断深化国际交流与合作，找准定位、发挥优势，持续在交通领域、通信领域、能源化工等重点领域加大投资，与所在国共商共建共享发展机遇。中央企业在海外基础设施建设、能源资源开发等重点领域承担一大批具有示范带动性的重大项目和标志性工程，始终坚持以创新赋能，使创新成果惠及更多国家和人民，有力促进了当地经济社会发展进步。中央企业是我国企业"走出去"的国家队，目前已在全球 180 多个国家和地区拥有超过 8000 个机构和项目。蓝皮书回顾了 2022 年中央企业海外履责实践，共编入 48 家央企在主业履责、运营管理、科技创新、绿色低碳、应急救援、公益慈善等方面的 49 个优秀履责案例，例如，中国一汽、中粮集团、中建八局、中国铁建等。近年来，中央企业积极布局新能源产业，创新开发绿色低碳新产品，着力建设绿色循环产业体系，探索延伸零碳产业，努力实现从源头到终端减碳。

新兴领域投资合作稳步拓展。新一轮科技革命和产业变革方兴未艾，多国对数字经济、绿色发展等领域合作意愿增强，中国也积极培育相关领域对外投资的新增长点，与新加坡、俄罗斯等国家签署数字经济、绿色发展投资合作备忘录。安永新近发布的报告显示，2022 年中国企业宣布的海外并购总额的 53% 流入科技、媒体和通信，医疗与生命科学，先进制造与运输三个行业。在绿色发展领域，中国积极引导对外投资绿色低碳发展，加强新能源、节能环保、绿色基础设施等领域合作。

中国积极塑造海外投资的负责任形象。国务院国有资产监督管理委员会于 2022 年 3 月成立社会责任局，强调抓好中央企业社会责任体系构建工作。中国国际贸易促进委员会《2022 年中国企业对外投资现状及意向调查报告》显示，89% 的受访企业表示已在东道国履行社会责任，较上年增加 18.4 个百分点；超四成受访企业雇佣东道国当地员工比例超过 1/2，较上年扩大 4.3 个百分点，表明中国企业在对外投资过程中继续为当地创造了大量工作岗位。2022 年《中国企业形象全球调查报告》显示，73% 的全球受访者对中国企业的整体印象良好，较上年增加 2 个百分点。2022 年以来，中国相继发布中资企业在印度尼西亚、沙特阿拉伯、乌干达等国家的社会责任报告，展示中资企业履行经济、环境和社会责任的重点项目和典型做法，为境外企业同当地社会开展良性互动做出了有益尝试。

与此同时，ESG 给中国企业"走出去"也带来了一些挑战。首先，更高标准和更具强制性的 ESG 信息披露要求增加了企业"走出去"的合规成本。ESG 投资在中国起步相对较晚，中国企业对 ESG 因素的熟悉和重视程度虽已大幅提升，但在数据质量、指标体系、流程规范等方面仍存在短板。其次，金融机构在借贷政策中更广泛地接受 ESG 规则增加了特定行业内企业"走出去"的融资成本。国内商业银行、政策性银行以及包括世界银行、亚洲开发银行、亚投行在内的国际金融机构均将 ESG 作为其发放贷款的重要考量因素。出于对经济风险和机构声誉的考虑，金融机构在面对电力、化工、矿产、基础设施等特定行业境外投资项目的贷款申请时会更加审慎。最后，ESG 规则国际化及供应链尽责立法趋势增加了企业"走出去"的运营成本。ESG 规则的国际化或将成为东道国施加隐性投资壁垒的又一抓手，对"一带一路"沿线投资合作、境外工业园区和国有企业"走出去"造成一定舆论压力。为符合加速发展的供应链尽责要求，位于第三国的中国供应商将被要求履行更多 ESG 规则义务，承担额外的社会责任开支，并且需要对公司治理结构进行转型以保留和提供高质量、完整、真实的信息数据，给"走出去"企业的运营增加成本。

但 ESG 也给中国企业"走出去"带来了机遇。主要体现在以下两个方面：①为"走出去"企业投资决策提供更充足信息。ESG 信息披露规则的升级和评价体系的完善为中国企业"走出去"提供了关于东道国和潜在投资对象在可持续发展水平和潜力等方面的更丰富信息，从而使相应的投资决策更加合理，有利于推动对外投资合作健康有序发展。②倒逼"走出去"企业提升国际化经营水平。多数定性和定量的实证研究均显示，ESG 投资能为各方带来回报，不仅可以帮助资金方配置长期优质的投资资产，促进资本市场可持续发展，还能提升企业绩效和股价表现。新冠肺炎疫情发生后，践行 ESG 理念企业的投资回报率高于整体市场回报率。面对高水平 ESG 规则，主动对标、积极适应有助于企业在生产和投资过程中更加注重长期社会价值，提升对外投资的双赢效果。

第七章　新发展格局下中国企业国际化与创新发展战略展望

第一节　新发展阶段中国企业未来对外投资合作新形势

党的二十大报告提出，我国将加快构建新发展格局，着力推动高质量发展，提升贸易投资合作质量和水平。尽管受到全球经济复苏困难、地缘政治关系恶化、贸易投资保护主义抬头等因素影响，中国对外投资存在较高风险和不确定因素。但从整体来看，我国对外投资合作依然保持高质量发展的态势没有改变，对外投资合作业务机遇与挑战并存。

一、创新技术发展推动全球产业优化升级

以新一代信息技术、人工智能技术、新能源技术等为代表的创新技术不断涌现。技术的快速发展和应用，将推动产业技术迭代升级，并促进产业形态、生产方式、国际分工发生根本变革，重塑全球产业体系。新一轮技术革命持续推动着全球产业变革，科技进步到产业变革的周期逐渐缩短，多国加快制度创新和技术革新步伐，科技创新正迅速融入人类社会的各个方面，推动了经济增长动力转换，并改变了国家间的比较优势和全球的竞争格局。5G、互联网、大数据、人工智能等技术的快速发展应用推动全球产业数字化转型，产业数字化和数字产业化交互发展，科技与产业融合趋势更加明显。为了迎接新技术与产业革命的挑战，全球主要国家纷纷在人工智能、量子科技、生命健康等领域加强布局，许多

国家都已推出了产业发展战略，如美国的"先进制造业国家战略计划"、德国的"工业 4.0"、法国的"新工业法国"、日本的"机器人新战略"、韩国的"制造业创新 3.0"，中国也提出"以加快新一代信息技术与制造业深度融合为主线，以推进智能制造为主攻方向"。一方面，新技术革命为中国开展对外投资合作创造了新的机遇和空间，在全球产业链一方面加快数字化、绿色化、融合化重构；另一方面，在出现本土化、区域化、短链化趋势这一背景下，我国企业对外投资合作的目标与重点也必将有所改变，如何牢牢抓住新一轮技术革命推动产业变革所开启的"机会窗口"，开展对外投资合作，整合海外优质技术资源，推动技术引进和优势技术对外输出，这将成为我国企业进行跨境投资时需要思考的新的重大命题之一。

二、绿色发展促进对外投资合作转型升级

全球经济增长为人类社会不断创造物质文明的同时，也使人与自然间的矛盾不断深化。近年来，全球生态环境持续恶化，异常气候、极端天气所导致的自然危机日益频繁，雾霾、水污染和温室气体排放等环境问题日益严峻。随着国际社会愈加关注气候与环境变化，绿色发展正逐步成为全球新的发展共识。当前，面对全球资源环境压力，世界多国把绿色发展作为科技革命和产业变革的重要方向，越来越多的国家出台与绿色投资相关的政策以促进全球绿色产业加速发展，碳中和问题成为国际社会关注焦点。我国作为世界上最大的发展中国家和最有影响力的新兴经济体，同时也是世界上最大的碳排放国和最大的能源消费国，应当成为绿色工业革命的倡导者、创新者和领跑者。习近平总书记高度重视绿色发展理念，强调"要顺应当代科技革命和产业变革大方向，抓住绿色转型带来的巨大发展机遇"。党的二十大报告中明确提出，推动经济社会发展绿色化、低碳化是实现高质量发展的关键环节。国家"十四五"规划纲要明确提出，要贯彻新发展理念，促进经济社会发展全面绿色转型，推动建设绿色丝绸之路。

随着国内外把绿色发展作为科技革命和产业变革的重要方向，绿色发展也成为国际贸易投资中的关注焦点，而对外投资合作作为国际贸易的重要形式，也面临着朝绿色投资转型升级的压力和需求。在此背景下，全球跨国公司纷纷在绿色经济领域加大投资力度，以满足全球日益增长的环境、气候变化对绿色经济发展的新要求。根据联合国贸发会议《全球投资趋势监测报告》称，自 2015 年以来，

可再生能源领域的国际投资增长了两倍，2022年发展中国家对与可持续发展目标（SDGs）相关领域的国际投资也有所增加。根据中华人民共和国商务部公布的《中国对外投资合作发展报告（2022）》，我国企业在诸多绿色经济领域取得显著成果，对外投资合作"绿色效应"持续显现，主要体现在以下四个方面：①绿色能源投资合作方面，为应对气候变化、实现"双碳"目标，我国绿色能源对外投资自"一带一路"倡议提出后规模不断扩大，在能源领域的投资占比已超40%。②绿色基础设施建设方面，我国企业在"走出去"过程中，将绿色低碳理念融入到项目全生命周期管理中，积极打造绿色产业链供应链，打造了"中老铁路""卡塔尔卢赛尔体育场"等一批典范工程。③绿色境外经贸合作区建设方面，我国积极推进绿色境外经贸合作区建设，大力吸引绿色产业入驻、培育低碳项目，建成"老挝万象赛色塔"低碳示范区。④传统产业绿色转型方面，中国企业积极参与东道国钢铁、建材等传统高能耗、高污染、高排放项目的低碳改造，帮助白俄罗斯水泥厂实现污染减排，助力玻利维亚、阿尔及利亚等国建设绿色钢厂，成为东道国实现绿色发展不可或缺的助推手。

在国际国内加速推进经济发展绿色转型的背景下，绿色发展理念将深入融入企业对外投资合作业务中，这同时也将推动中国对外投资合作朝着绿色投资方向转型升级，以满足全球日益增长的环境、气候变化等对绿色经济发展的新要求。我国的对外投资合作需要坚持践行绿色发展理念，才能成为提升国内国际双循环质量的重要支撑，使我国在国际合作与竞争中赢得主动。在未来，我国对外投资合作将继续以"高质量发展"为指引，积极推动绿色发展国际合作，我国的绿色产业将借助"走出去"战略服务全球市场，助力全球绿色发展进程。同时，将通过加强对全球绿色发展优质资源的整合能力，为国内的绿色转型与可持续发展注入新的活力、提供有力支撑。

三、全球数字经济建设需求旺盛

近年来，以大数据、云计算、物联网、人工智能等为代表的数字经济快速发展，推动了大量新业态和新模式的产生。全球数字经济发展势态迅猛，多国政府通过制定相关政策、加大投入力度、支持创新创业等方式积极推动数字经济建设，将其作为经济发展的重要战略之一。作为数字经济领域的先行者及世界第二大数字经济体，我国高度重视数字经济的建设与发展，党的二十大报告明确指出

要"加快发展数字经济，促进数字经济和实体经济深度融合，打造具有国际竞争力的数字产业集群"，根据中国信息通信院《中国数字经济发展白皮书（2023）》报告：中国数字经济增加值规模已由 2005 年的 2.6161 万亿元，扩张到 2022 年的 50.2 万亿元，数字经济占 GDP 比重达 41.5%，数字经济已经成为我国国民经济增长与高质量发展的重要推动力。

数字经济的发展带来持续扩大的数字消费市场，有效扩大了消费需求，同时也带动投资需求的增长。数字经济的快速发展给国际投资方式和国际生产组织形式带来深刻影响，数字贸易依托数字经济也展现出蓬勃的生命力和发展潜力。跨境电商、物联网等新型贸易模式促使全球价值链、供应链重新构建，数字经济在降低了国际贸易与投资成本的同时，还通过打破信息壁垒促进了国际间信息交流，使得国际贸易与投资更加便捷高效。

数字经济将为中国企业进入海外市场带来更多新的机遇，数字经济的发展为我国大批数字跨国公司"走出去"增添了新的动力，特别是在"一带一路"倡议合作中，数字基础设施建设对互联互通的重要性不断加强，全球数字基础设施建设存在巨大需求，加之我国具有良好的数字经济发展基础，我国企业在进入海外市场的同时也将收获更多新的市场机遇，在未来，我国各数字经济龙头企业将积极布局信息传输、软件和信息技术、智能化应用等领域的海外市场，参与全球数字经济建设，使我国数字经济领域对外投资合作规模不断扩大，推动我国对外投资合作朝数字化转型升级。

四、地区安全形势复杂多变，加剧全球经济动荡

近年来，大国博弈演进加剧，地缘冲突空前激烈，对国际关系格局以及地区安全形势产生了重大影响，世界进入新的动荡变革期。

自俄乌冲突爆发以来，全球能源、粮食价格上涨，全球通货膨胀压力骤增。联合国秘书长古特雷斯在联大上发出警告，我们的世界既处于危险境地，又处于瘫痪状态，全球形势岌岌可危。因此，就现阶段全球形势来看，我国周边地区安全形势复杂，正面临着不稳定性和极大的挑战。

《国际形势黄皮书：全球政治与安全报告（2023）》中指出，2022 年中国周边安全形势正在累积各种新变化、新张力、新势能。总的来看，中国周边安全形势在大国战略竞争加剧的情况下更趋复杂，地区秩序转型进入变革关键期，周边

国家关系进入深度调整阶段，中国维护周边安全稳定的难度由于一些热点问题隐患难消、前景难测而进一步加大。但随着近几年我国"一带一路"倡议的实施，中国持续发展以及影响力不断扩展，中国主动塑造周边安全环境的能力也在逐步提升。

五、全球投资保护加剧，外部营商环境趋严

随着全球化进程不断加快，逆全球化的浪潮也不断高涨。当前全球化进程有两个显著特征：一是逆全球化风潮有愈演愈烈之势；二是全球化转型发展已变得越发紧迫，势在必行。逆全球化风潮是当前国际形势一大热点问题。2022 年以来，一些国家出于对国家经济安全的考虑，相继出台了限制外国直接投资的保护主义政策，并加强外商投资国家安全审查力度，影响了全球跨境投资活动。联合国贸发会议发布的《2022 年世界投资报告》，发达国家继续加大投资监管力度，加大对战略性公司的保护，避免这类公司被外国收购。联合国贸发会议统计，2022 年全球跨境新建项目投资和跨境并购交易规模同比分别下降 21% 和 13%。

经济全球化遭遇逆流、贸易保护主义及地缘政治博弈持续加剧，深刻改变了全球产业链供应链格局。其中在国际投资领域的重要体现是全球范围内的外资限制政策不断增加，这意味着国际投资保护行为的蔓延。这种现象在 2008 年全球金融危机爆发后随之不断加剧，根据联合国贸易和发展会议的统计，2019 年限制型外资政策占新出台外资政策的 24%，远高于 2004 年的 12%，这些政策的出现对全球跨国投资的发展产生了很大的负面影响。在投资政策方面，2021 年全球通过的投资政策措施为 109 项，较 2020 年下降 28%，其中对投资不利的措施所占比例为 42%，创历史新高。发达国家对外国投资设限呈上升趋势，引入了许多基于国家安全标准的投资审查和限制程序及措施，增加了全球进行跨境投资的障碍。实行外国直接投资审查制度的国家合计占 2022 年外国直接投资存量的 68%。因监管或政治方面的担忧而撤销的并购交易数量增加了 1/3。由于这些措施的限制导致全球 OFDI 流量增长不仅未能延续上年度强劲的势头，还逐步呈现下行趋势，在很大程度上挫伤了世界经济增长动能，增加了经济复苏的不稳定性和不确定性。

随着我国国际化程度的不断提高和对外直接投资规模的不断增长，全球贸易壁垒呈现政治化和安全化的趋势，造成了我国外部营商环境逐渐趋严的形势。东

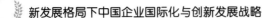

道国国际投资保护行为所带来的限制措施对我国企业的 OFDI 造成了极大的阻碍。在形式上，国际投资保护行为体现为外资壁垒增加、安全审查严格化、社会责任要求苛刻以及政策措施执行过程中的主观随意性增加等。作为国际投资的新兴力量，我国跨国企业近年来在国际市场上表现活跃，对外直接投资增长迅速，国际化程度不断提升。与此同时，因遭受针对性限制，我国跨国企业也成为国际投资保护行为的最大受害者，不仅导致对外直接投资项目受阻，而且还影响海外子公司的正常经营，增加了我国海外投资的难度和不确定性。

据金融数据公司路孚特（Refinitiv）统计，2022 年中国"走出去"并购总额同比大幅下降 52.7%，这组数据在一定程度上反映了投资保护主义对中国对外投资造成了很大的阻碍。还有部分国家日益重视通过国内法来对外国直接投资施加更多控制，进而提高投资壁垒，使中国企业在相关国家进行投资并购的潜在风险进一步增加。总体来看，全球的国际投资保护主义不断升级，我国的对外直接投资形势严峻，在这种背景下，应对国际投资保护成为提升我国企业对外直接投资安全性，缓解我国外部营商环境紧张局面的当务之急。

第二节　ESG 理念下负责任的海外投资、合法性建构与创新发展

后发企业的创新追赶、新兴市场对外投资、制度理论与国际化一直是战略管理和国际商务领域中的热点研究问题。随着经济全球一体化的进一步加剧，获取关键技术、提升创新能力日益成为新兴经济体后发企业实施国际化战略的主要动因。后发企业通过国际化的"跳板"实现其技术能力的跨越式赶超已得到学术界和实践界的共识。中国作为典型的新兴经济体国家，具有独特的制度、产业和市场环境，赋予了其跨国企业国际化战略的独特性。制度、文化等外部环境方面的差异性会直接或间接地影响嵌入其中企业的行为及结果（Scott，1995；Hoskisson 等，2000；蓝海林等，2009）。因此，在理解新兴市场国际化与后发者创新追赶的过程中，不能将外部制度环境差异所引起的合法性等问题剥离出去而单纯地研究国际化与创新之间的二元关系。合法性是一个重要的组织因素，它既是企业行为的制约因素，又是企业行为的能动因素，本身就具有很高的研究价值

（Baum 和 Oliver，1991；Aldrich 和 Fiol，1994）。引入制度理论中的合法性对于理解新兴经济体企业国际化问题具有更现实的情境特征。有利于揭示并拓展逆向跨国并购中的合法性战略。随着近期以技术寻求为导向的国际化趋势的崛起，中国企业在进行对外投资活动时，不再以短期的经济利益为其投资决策的主要依据，而是更加看重通过对外投资过程所接触到的海外创新资源。然而，企业的国际化是一个复杂且充满挑战的过程，尤其是去往与母国具有较大制度、文化差异的东道国经营。与以往国际化理论研究发现不同的是，我国很多企业的国际化行为既缺乏折衷理论所提及的所有权优势，同时又突破了传统渐进式的乌普萨拉国际化模式，具有独特的中国情境。对于这种新现象，现有文献缺乏足够的理论解释力。深入挖掘新兴市场企业逆向跨国并购中的合法性战略对于丰富现有的跨国并购理论与合法性理论具有重要的理论意义。

新兴市场的后发企业将国际化视为帮助其获取海外创新资源以提高本土创新能力的"跳板"。从国家政府层面到企业个体层面，都在大力推动其国际化发展的进程，甚至采取跨越式发展模式以获得海外优质的创新资源。然而在利用国际化"跳板"推动本土企业创新追赶的实践过程中，跨国企业所面临的合法性危机等外部制度环境因素会直接影响到其利用国际化实现技术升级和创新赶超的效果。跨国公司的海外子公司同时嵌入具有潜在冲突的双重制度环境中，其合法性问题受到了广泛关注，提高跨国企业母子公司海外合法性是未来中国企业持续推进国际化的必要条件。

综上所述，跨国公司海外合法性的获得与提升是支持其在海外健康稳定运营并实现母子公司创新协同的关键要素。合法性已成为当前我国企业在跨国经营过程中需要解决的首要问题（王铁民和周捷，2005）。当"走出去"对外开放战略成为我国企业国际化主要趋势的今天，由"外来者劣势""来源国劣势"所引发的跨国公司在东道国市场的合法性问题亦成为我国跨国企业目前所面临的重要挑战。近年来国内外越发重视绿色和可持续发展理念的践行，驱动跨国公司对外直接投资的特定优势也发生了改变，也要求重塑企业的全球化经营理念，尤其对于在海外经营的中国跨国企业。而作为衡量企业环境、社会、治理三方面综合实力的重要标准——ESG 也越发受到推行。当前我国企业海外投资所面对的外来者劣势和来源国劣势的典型特征是合法性不足，而 ESG 内嵌的合法性优势有助于中国跨国企业克服因 ESG 引起的外来者劣势，从而促进国际投资。

在此背景下，践行 ESG 理念的负责任投资成为现阶段我国企业海外投资的重要抓手。

ESG 投资作为一项长期规划，为企业进行跨境投资提供了新思路和新的发展渠道。这种新的投资趋势可能会重塑企业的竞争优势，并对其国际化扩张产生深刻影响，以 ESG 为核心的追求社会包容性发展的特定优势将在跨国公司的对外直接投资中变得尤为重要。具有 ESG 优势的企业更有能力满足东道国的合法性诉求，建立更符合东道国制度规范和社会认知要求的海外子公司。有助于扭转东道国利益相关方对我国企业的刻板印象，克服因外来者身份和 ESG 差异所产生的劣势，减轻中国跨国企业在东道国所面对的制度同构的压力。有研究证实上市企业的 ESG 优势对其 OFDI 会产生稳健而显著的正向影响，且这种影响同时体现在提高投资可能性和扩大投资规模两个方面。揭示 ESG 优势的 OFDI 促进效应不仅为理解企业国际化驱动因素和竞争优势提供了新视角，而且拓展了对 ESG 广泛影响的全面认识（谢红军和吕雪，2022）。因此，践行 ESG 理念，推动 ESG 战略变革实践将是今后中国跨国企业获取东道国合法性的非市场战略机制的关键所在。

目前中国正处于关键的发展阶段，正在努力实现经济模式向可持续发展的转型，并构建更高水平的开放型经济新体制。在这一过程中，创新的作用变得更加突出，可持续发展成为主要发展方向，新的开放型经济体制逐步确立。稳定的经济增长不仅为中国的对外投资合作提供了有力支持，还将进一步扩大中国企业在国际市场上的影响力。考虑到 ESG（环境、社会、公司治理）优势在国际投资中的重要性，加快推进 ESG 治理，培育具有 ESG 优势的负责任企业，努力打造国际竞争的新优势，这不仅是适应可持续发展理念的内在要求，也是突破国际封锁、传递负责任企业形象、构建人类命运共同体的重要途径。跨国公司的 ESG 行为不仅被视为促进经济增长的重要动力，而且认为这些企业通过关心利益相关者权益为社会总体福利做出了贡献。相反，如果企业违反 ESG 理念，那么可能会引发舆论风暴，损害企业形象和品牌信誉，同时凸显跨国经营的合法性难题。

虽然中国的 ESG 实践发展起步较晚，但从国家"双碳"战略的顶层设计到社会各界的关注，ESG 已经成为当下中国企业发展的主要方向。在政策层面，可以充分利用《上市公司治理准则》修订的机会，加强与绿色海外投资相关的制度建设，规范完善 ESG 信息披露和机制设计，积极倡导负责任投资原则，从制度和责任层面双管齐下优化资本市场治理，夯实企业国际化的基础。ESG 优势解决了企业海外投资的合法性问题，为企业提供了更多选择，有助于提升中国跨国企业海外直接投资与创新协同发展的效率与效果。

参考文献

[1] Ahlstrom D, Bruton G D, Yeh K S. Private Firms in China: Building Legitimacy in an Emerging Economy [J]. Journal of World Business, 2008, 43 (4): 385-399.

[2] Ahn S Y, Park D J. Corporate Social Responsibility and Corporate Longevity: The Mediating Role of Social Capital and Moral Legitimacy in Korea [J]. Journal of Business Ethics, 2018, 150 (1): 117-134.

[3] Al-Laham A, Amburgey T L. Knowledge Sourcing in Foreign Direct Investments: An Empirical Examination of Target Profiles [J]. Management International Review, 2005, 45 (3): 247-275.

[4] Aldrich H E, Fiol C M. Fools Rush in? The Institutional Context of Industry Creation [J]. Academy of Management Review, 1994, 19 (4): 645-670.

[5] Almeida P, Phene A. Subsidiaries and Knowledge Creation: The Influence of the MNC and Host Country on Innovation [J]. Strategic Management Journal, 2004, 25 (8-9): 847-864.

[6] Alon I, Anderson J, Munim Z H, et al. A Review of the Internationalization of Chinese Enterprises [J]. Asia Pacific Journal of Management, 2018, 35 (3): 573-605.

[7] Anderson J, Sutherland D, Severe S. An Event Study of Home and Host Country Patent Generation in Chinese MNEs Undertaking Strategic Asset Acquisitions in Developed Markets [J]. International Business Review, 2015, 24 (5): 758-771.

[8] Andersson U, Forsgren M, Holm U. Balancing Subsidiary Influence in the Federative MNC: A Business Network View [J]. Journal of International Business

Studies, 2007, 38 (5): 802-818.

[9] Andersson U, Forsgren M, Holm U. The Strategic Impact of External Networks: Subsidiary Performance and Competence Development in the Multinational Corporation [J]. Strategic Management Journal, 2002, 23 (11): 979-996.

[10] Ashforth B E, Gibbs B W. The Double-edge of Organizational Legitimation [J]. Organization Science, 1990, 1 (2): 177-194.

[11] Bangara A, Freeman S, Schroder W. Legitimacy and Accelerated Internationalisation: An Indian Perspective [J]. Journal of World Business, 2012, 47 (4): 623-634.

[12] Barkema H G, Bell J H J, Pennings J M. Foreign Entry, Cultural Barriers, and Learning [J]. Strategic Management Journal, 1996, 17 (2): 151-166.

[13] Bartlett C A, Ghoshal S. Going Global: Lessons from Late Movers [J]. Harvard Business Review, 2000, 78 (2): 132-141.

[14] Baum J A C, Oliver C. Institutional Linkages and Organizational Mortality [J]. Administrative Science Quarterly, 1991, 36 (36): 187-218.

[15] Bell R G, Filatotchev I, Aguilera R V. Corporate Governance and Investors' Perceptions of Foreign IPO Value: An Institutional Perspective [J]. Academy of Management Journal, 2014, 57 (1): 301-320.

[16] Beneito P. The Innovative Performance of In-house and Contracted R&D in Terms of Patents and Utility Models [J]. Research Policy, 2006, 35 (4): 502-517.

[17] Birkinshaw J, Hood N. Multinational Subsidiary Evolution: Capability and Charter Change in Foreign-owned Subsidiary Companies [J]. Academy of Management Review, 1998, 23 (4): 773-795.

[18] Bitektine A, Haack P. The "Macro" and the "Micro" of Legitimacy: Toward A Multilevel Theory of the Legitimacy Process [J]. Academy of Management Review, 2015, 40 (1): 49-75.

[19] Bitektine A. Toward A Theory of Social Judgments of Organizations: The Case of Legitimacy, Reputation, and Status [J]. Academy of Management Review, 2011, 36 (1): 151-179.

[20] Bitzer J, Kerekes M. Does Foreign Direct Investment Transfer Technology

Across Borders? New Evidence [J]. Economics Letters, 2008, 100 (3): 355-358.

[21] Boisot M, Meyer M W. Which Way Through the Open Door? Reflections on the Internationalization of Chinese Firms [J]. Management and Organization Review, 2008, 4 (3): 349-365.

[22] Bolino M C, Turnley W H, Bloodgood J M. Citizenship Behavior and the Creation of Social Capital in Organizations [J]. Academy of Management Review, 2002, 27 (4): 505-522.

[23] Brenner B, Ambos B. A Question of Legitimacy? A Dynamic Perspective on Multinational Firm Control [J]. Organization Science, 2013, 24 (3): 773-795.

[24] Brouthers K D, Brouthers L E. Why Service and Manufacturing Entry Mode Choices Differ: The Influence of Transaction Cost Factors, Risk and Trust [J]. Journal of Management Studies, 2003, 40 (5): 1179-1204.

[25] Brown A D, Toyoki S. Identity Work and Legitimacy [J]. Organization Studies, 2013, 34 (7): 875-896.

[26] Buckley P J, Clegg J, Wang C C. Is the Relationship Between Inward FDI and Spillover Effects Linear? An Empirical Examination of the Case of China [J]. Journal of International Business Studies, 2007, 38 (3): 447-459.

[27] Buckley P J, Clegg L J, Voss H, et al. A Retrospective and Agenda for Future Research on Chinese Outward Foreign Direct Investment [J]. Journal of International Business Studies, 2018, 49 (1): 4-23.

[28] Burt R S. Structural holes: The Social Structure of Competition [R]. Cambridge, MA: Harvard University Press, 1992.

[29] Busenitz L W, Gomez C, Spencer J W. Country Institutional Profiles: Unlocking Entrepreneurial Phenomena [J]. Academy of Management Journal, 2000, 43 (5): 994-1003.

[30] Capron L, Guillén M. National Corporate Governance Institutions and Post-Acquisition Target Reorganization [J]. Strategic Management Journal, 2009, 30 (8): 803-833.

[31] Cartwright S, Cooper C L. The Psychological Impact of Merger and Acquisition on the Individual: A Study of Building Society Managers [J]. Human Relations,

1993, 46 (3): 327-347.

［32］ Cassiman B, Golovko E. Innovation and Internationalization Through Exports ［J］. Journal of International Business Studies, 2011, 42 (1): 56-75.

［33］ Chan C M, Makino S. Legitimacy and Multi-level Institutional Environments: Implications for Foreign Subsidiary Ownership Structure ［J］. Journal of International Business Studies, 2007, 38 (4): 621-638.

［34］ Chen V Z, Li J, Shapiro D M. International Reverse Spillover Effects on Parent Firms: Evidences from Emerging-market MNEs in Developed Markets ［J］. European Management Journal, 2012, 30 (3): 204-218.

［35］ Chen Y Y, Young M N. Cross-border Mergers and Acquisitions by Chinese Listed Companies: A Principal-principal Perspective ［J］. Asia Pacific Journal of Management, 2010, 27 (3): 523-539.

［36］ Child J, Marinova S. The Role of Contextual Combinations in the Globalization of Chinese Firms ［J］. Management and Organization Review, 2014, 10 (3): 347-371.

［37］ Child J, Rodrigues S B. The Internationalization of Chinese Firms: A Case for Theoretical Extension? ［J］. Management and Organization Review, 2005, 1 (3): 381-410.

［38］ Chittoor R, Aulakh P S, Ray S. Accumulative and Assimilative Learning, Institutional Infrastructure, and Innovation Orientation of Developing Economy Firms ［J］. Global Strategy Journal, 2015, 5 (2): 133-153.

［39］ Coe D T, Helpman E. International R&D Spillovers ［J］. European Economic Review, 1995, 39 (5): 859-887.

［40］ Cohen W M, Levinthal D A. Absorptive Capacity: A New Perspective on Learning and Innovation ［J］. Administrative Science Quarterly, 1990, 35 (1): 128-152.

［41］ Coleman J S. Foundations of Social Theory ［M］. Cambridge, MA: Harvard University Press, 1994.

［42］ Coleman J S. Social Capital in the Creation of Human Capital ［J］. American Journal of Sociology, 1988 (94): S95-S120.

［43］ Cording M, Christmann P, King D R. Reducing Causal Ambiguity in Acqui-sition Integration: Intermediate Goals as Mediators Ofintegration Decisions and Acquisi-tion Performance ［J］. Academy of Management Journal, 2008, 51 (4): 744-767.

［44］ Corley K G, Gioia D A. Identity Ambiguity and Change in the Wake of A Corporate Spin-off ［J］. Administrative Science Quarterly, 2004, 49 (2): 173-208.

［45］ Dacin M T, Oliver C, Roy J P. The Legitimacy of Strategic Alliances: An Institutional Perspective ［J］. Strategic Management Journal, 2007, 28 (2): 169-187.

［46］ Das T K, Teng B S. A Resource-based Theory of Strategic Alliances ［J］. Journal of Management, 2000, 26 (1): 31-61.

［47］ Deephouse D L. Does Isomorphism Legitimate? ［J］. Academy of Manage-ment Journal, 1996, 39 (4): 1024-1039.

［48］ Delmar F, Shane S. Legitimating First: Organizing Activities and the Sur-vival of New Ventures ［J］. Journal of Business Venturing, 2004, 19 (3): 385-410.

［49］ Deng P. Why do Chinese Firms Tend to Acquire Strategic Assets in Interna-tional Expansion? ［J］. Journal of World Business, 2009, 44 (1): 74-84.

［50］ DiMaggio P J, Powell W W. The Iron Cage Revisited: Institutional Isomor-phism and Collective Rationality in Organizational Fields ［J］. American Sociological Review, 1983, 48 (2): 147-160.

［51］ Doh J, Rodrigues S, Saka-Helmhout A, et al. International Business Responses to Institutional Voids ［J］. Journal of International Business Studies, 2017, 48 (3): 293-307.

［52］ Drori I, Honig B. A Process Model of Internal and External Legitimacy ［J］. Organization Studies, 2013, 34 (3): 345-376.

［53］ Duanmu J L. Firm Heterogeneity and Location Choice of Chinese Multina-tional Enterprises (MNEs) ［J］. Journal of World Business, 2012, 47 (1): 64-72.

［54］ Dunning J H, Lundan S M. Institutions and the OLI Paradigm of the Multina-tional Enterprise ［J］. Asia Pacific Journal of Management, 2008, 25 (4): 573-593.

［55］ Dunning J H. The Eclectic Paradigm of International Production: A Restate-ment and Some Possible Extensions ［J］. Journal of International Business Studies, 1988, 19 (1): 1-31.

［56］Eden L, Miller S R. Distance Matters: Liability of Foreignness, Institutional Distance and Ownership Strategy ［J］. Advances in International Management, 2004, 16 (3): 187-221.

［57］Eisenhardt K M, Graebner M E. Theory Building from Cases: Opportunities and Challenges ［J］. Academy of Management Journal, 2007, 50 (1): 25-32.

［58］Eisenhardt K M. Building Theories from Case Study Research ［J］. Academy of Management Review, 1989, 14 (4): 532-550.

［59］Elsbach K D, Sutton R I. Acquiring Organizational Legitimacy Through Illegitimate Actions: A Marriage of Institutional and Impression Management Theories ［J］. Academy of Management Journal, 1992, 35 (4): 699-738.

［60］Escribano A, Fosfuri A, Tribó J A. Managing External Knowledge Flows: The Moderating Role of Absorptive Capacity ［J］. Research Policy, 2009, 38 (1): 96-105.

［61］Ethiraj S K, Zhu D H. Performance Effects of Imitative Entry ［J］. Strategic Management Journal, 2008, 29 (8): 797-817.

［62］Etzkowitz H, Leydesdorff L. The Dynamics of Innovation: From National Systems and "Mode 2" to A Triple Helix of University-industry-government Relations ［J］. Research Policy, 2000, 29 (2): 109-123.

［63］Fang Y, Wade M, Delios A, et al. An Exploration of Multinational Enterprise Knowledge Resources and Foreign Subsidiary Performance ［J］. Journal of World Business, 2013, 48 (1): 30-38.

［64］Fisher G, Kotha S, Lahiri A. Changing with the Times: An Integrated View of Identity, Legitimacy, and New Venture Life Cycles ［J］. Academy of Management Review, 2016, 41 (3): 383-409.

［65］Gardberg N A, Fombrun C J. Corporate Citizenship: Creating Intangible Assets Across Institutional Environments ［J］. Academy of Management Review, 2006, 31 (2): 329-346.

［66］Gaur A S, Lu J W. Ownership Strategies and Survival of Foreign Subsidiaries: Impacts of Institutional Distance and Experience ［J］. Journal of Management, 2007, 33 (1): 84-110.

［67］ Glaser B, Strauss A L. The Discovery of Grounded Theory: Strategies for Qualitative Research ［M］. Chicago, IL: Aldine, 1967.

［68］ Gligor D M, Esmark C L, Gölgeci I. Building International Business Theory: A Grounded Theory Approach ［J］. Journal of International Business Studies, 2016, 47 (1): 93−111.

［69］ Globerman S, Shapiro D. Economic and Strategic Considerations Surrounding Chinese FDI in the United States ［J］. Asia Pacific Journal of Management, 2009, 26 (1): 163−183.

［70］ Gloria L G, Ding D Z. A Strategic Analysis of Surging Chinese Manufacturers: The Case of Galanz ［J］. Asia Pacific Journal of Management, 2008, 25 (4): 667−683.

［71］ Goldsmith R W. A Perpetual Inventory of National Wealth ［M］ //Studies in Income and Wealth, NBER, 1951 (14): 5−73.

［72］ Griliches Z. R&D and the Productivity Slowdown ［J］. American Economic Review, 1980, 70 (2): 343−348.

［73］ Guennif S, Ramani S V. Explaining Divergence in Catching−up in Pharma Between India and Brazil Using the NSI Framework ［J］. Research Policy, 2012, 41 (2): 430−441.

［74］ Haack P, Pfarrer M D, Scherer A G. Legitimacy−as−feeling: How Affect Leads to Vertical Legitimacy Spillovers in Transnational Governance ［J］. Journal of Management Studies, 2014, 51 (4): 634−666.

［75］ Hagedoorn J. Understanding the Rationale of Strategic Technology Partnering: Nterorganizational Modes of Cooperation and Sectoral Differences ［J］. Strategic Management Journal, 1993, 14 (5): 371−385.

［76］ Haq H, Drogendijk R, Holm D B. Attention in Words, Not in Deeds: Effects of Attention Dissonance on Headquarters−subsidiary Communication in Multinational Corporations ［J］. Journal of World Business, 2017, 52 (1): 111−123.

［77］ Hausman J A. Specification Tests in Econometrics ［J］. Econometrica: Journal of the Econometric Society, 1978 (46): 1251−1271.

［78］ Hobday M, Rush H, Bessant J. Approaching the Innovation Frontier in

Korea: The Transition Phase to Leadership [J]. Research Policy, 2004, 33 (10): 1433-1457.

[79] Hobday M. East Asian Latecomer Firms: Learning the Technology of Electronics [J]. World Development, 1995, 23 (7): 1171-1193.

[80] Holburn G L F, Zelner B A. Political Capabilities, Policy Risk, and International Investment Strategy: Evidence from the Global Electric Power Generation Industry [J]. Strategic Management Journal, 2010, 31 (12): 1290-1315.

[81] Hoskisson R E, Eden L, Lau C M, Wright M. Strategy in Emerging Economies [J]. Academy of Management Journal, 2000, 43 (3): 249-267.

[82] Inkpen A C, Tsang E W K. Social Capital, Networks, and Knowledge Transfer [J]. Academy of Management Review, 2005, 30 (1): 146-165.

[83] Iwasa T, Odagiri H. Overseas R&D, Knowledge Sourcing, and Patenting: An Empirical Study of Japanese R&D Investment in the US [J]. Research Policy, 2004, 33 (5): 807-828.

[84] Iwasa, Tomoko, Odagiri, et al. Overseas R&D, Knowledge Sourcing, and Patenting: An Empirical Study of Japanese R&D Investment in the US [J]. Research Policy, 2004, 33 (5): 807-828.

[85] Jaffe A B. Characterizing the "Technological Position" of Firms, With Application to Quantifying Technological Opportunity and Research Spillovers [J]. Research Policy, 1989, 18 (2): 87-97.

[86] Johanson J, Vahlne J E. The Internationalization Process of the Firm-A Model of Knowledge Development and Increasing Foreign Market Commitments [J]. Journal of International Business Studies, 1977, 8 (1): 23-32.

[87] Johanson J, Wiedersheim-Paul F. The Internationalization of the Firm-Four Swedish Cases [J]. Journal of Management Studies, 1975, 12 (3): 305-323.

[88] Johnson C, Dowd T J, Ridgeway C L. Legitimacy as A Social Process [J]. Annual Review of Sociology, 2006, 32 (1): 53-78.

[89] Kafouros M I, Buckley P J, Clegg J, et al. The Effects of Global Knowledge Reservoirs on the Productivity of Multinational Enterprises: The Role of International Depth and Breadth [J]. Research Policy, 2012, 41 (5): 848-861.

［90］Kafouros M I, Buckley P J, Sharp J A, et al. The Role of Internationaliza-tion in Explaining Innovation Performance ［J］. Technovation, 2008, 28 (1-2): 63-74.

［91］Kafouros M I. The Impact of the Internet on R&D Efficiency: Theory and Evidence ［J］. Technovation, 2006, 26 (7): 827-835.

［92］Khan Z, Lew Y K, Sinkovics R R. International Joint Ventures as Boundary Spanners: Technological Knowledge Transfer in an Emerging Economy ［J］. Global Strategy Journal, 2015, 5 (1): 48-68.

［93］Kim J W, Lee H K. Embodied and Disembodied International Spillovers of R&D in OECD Manufacturing Industries ［J］. Technovation, 2004, 24 (4): 359-368.

［94］Kim L. Stages of Development of Industrial Technology in A Developing Country: A Model ［J］. Research Policy, 1980, 9 (3): 254-277.

［95］Klossek A, Linke B M, Nippa M. Chinese Enterprises in Germany: Estab-lishment Modes and Strategies to Mitigate the Liability of Foreignness ［J］. Journal of World Business, 2012, 47 (1): 35-44.

［96］Kogut B, Singh H. The Effect of National Culture on the Choice of Entry Mode ［J］. Journal of International Business Studies, 1988, 19 (3): 411-432.

［97］Kogut B, Zander U. Knowledge of the Firm and the Evolutionary Theory of the Multinational Corporation ［J］. Journal of International Business Studies, 1993, 24 (4): 625-645.

［98］Kolstad I, Wiig A. What Determines Chinese Outward FDI? ［J］. Journal of World Business, 2012, 47 (1): 26-34.

［99］Kostova T, Roth K, Dacin M T. Institutional Theory in the Study of Multi-national Corporations: A Critique and New Directions ［J］. Academy of Management Review, 2008, 33 (4): 994-1006.

［100］Kostova T, Roth K. Adoption of An Organizational Practice by Subsidiaries of Multinational Corporations: Institutional and Relational Effects ［J］. Academy of Management Journal, 2002, 45 (1): 215-233.

［101］Kostova T, Roth K. Social Capital in Multinational Corporations and A Micro-macro Model of Its Formation ［J］. Academy of Management Review, 2003, 28

(2)：297-317.

[102] Kostova T, Zaheer S. Organizational Legitimacy Under Conditions of Complexity: The Case of the Multinational Enterprise [J]. Academy of Management Review, 1999, 24 (1)：64-81.

[103] Kumar N. How Emerging Giants Are Rewriting the Rules of M&A [J]. Harvard Business Review, 2009, 87 (5)：115-121.

[104] Kwon J W. Does China Have More Than one Culture? [J]. Asia Pacific Journal of Management, 2012, 29 (1)：79-102.

[105] Langley A. Strategies for Theorizing from Process Data [J]. Academy of Management Review, 1999, 24 (4)：691-710.

[106] Lee K, Lim C. Technological Regimes, Catching-up and Leapfrogging: Findings from the Korean Industries [J]. Research Policy, 2001, 30 (3)：459-483.

[107] Lee K, Malerba F. Catch-up Cycles and Changes in Industrial Leadership: Windows of Opportunity and Responses of Firms and Countries in the Evolution of Sectoral Systems [J]. Research Policy, 2017, 46 (2)：338-351.

[108] Lew Y K, Liu Y. The Contribution of Inward FDI to Chinese Regional Innovation: The Moderating Effect of Absorptive Capacity on Knowledge Spillover [J]. European Journal of International Management, 2016, 10 (3)：284-313.

[109] Li J J. The Formation of Managerial Networks of Foreign Firms in China: The Effects of Strategic Orientations [J]. Asia Pacific Journal of Management, 2005, 22 (4)：423-443.

[110] Li J, Chen D, Shapiro D M. Product Innovations in Emerging Economies: The Role of Foreign Knowledge Access Channels and Internal Efforts in Chinese Firms [J]. Management and Organization Review, 2010, 6 (2)：243-266.

[111] Li J, Li P, Wang B. The Liability of Opaqueness: State Ownership and the Likelihood of Deal Completion in International Acquisitions by Chinese Firms [J]. Strategic Management Journal, 2019, 40 (2)：303-327.

[112] Li J, Xia J, Lin Z. Cross-border Acquisitions by State-owned Firms: How Do Legitimacy Concerns Affect the Completion and Duration of Their Acquisitions? [J]. Strategic Management Journal, 2017, 38 (9)：1915-1934.

［113］Li J, Xia J, Shapiro D, et al. Institutional Compatibility and the Interna-tionalization of Chinese SOEs: The Moderating Role of Home Subnational Institutions ［J］. Journal of World Business, 2018, 53 (5): 641-652.

［114］Liu X, Buck T, Shu C. Chinese Economic Development, The Next Stage: Outward FDI? ［J］. International Business Review, 2005, 14 (1): 97-115.

［115］Lord M D, Ranft A L. Organizational Learning about New International Markets: Exploring the Internal Transfer of Local Market Knowledge ［J］. Journal of International Business Studies, 2000, 31 (4): 573-589.

［116］Lu J W, Xu D. Growth and Survival of International Joint Ventures: An External-internal Legitimacy Perspective ［J］. Journal of Management, 2006, 32 (3): 426-448.

［117］Lu J, Liu X, Wang H. Motives for Outward FDI of Chinese Private Firms: Firm Resources, Industry Dynamics, and Government Policies ［J］. Management and Organization Review, 2011, 7 (2): 223-248.

［118］Lu J, Liu X, Wright M, et al. International Experience and FDI Location Choices of Chinese Firms: The Moderating Effects of Home Country Government Sup-port and Host Country Institutions ［J］. Journal of International Business Studies, 2014, 45 (4): 428-449.

［119］Luo Y, Tung R L. International Expansion of Emerging Market Enterpri-ses: A Springboard Perspective ［J］. Journal of International Business Studies, 2007, 38 (4): 481-498.

［120］Luo Y. Toward a Cooperative View of MNC-host Government Relations: Building Blocks and Performance Implications ［J］. Journal of International Business Studies, 2001 (32): 401-419.

［121］Luo Y, Xue Q, Han B. How Emerging Market Governments Promote Out-ward FDI: Experience from China ［J］. Journal of World Business, 2010, 45 (1): 68-79.

［122］Madhok A, Keyhani M. Acquisitions As Entrepreneurship: Asymmetries, Opportunities, and the Internationalization of Multinationals from Emerging Economies ［J］. Global Strategy Journal, 2012, 2 (1): 26-40.

［123］ Marano V, Tashman P. MNE/NGO Partnerships and the Legitimacy of the Firm ［J］. International Business Review, 2012, 21 (6): 1122-1130.

［124］ Marquis C, Qian C. Corporate Social Responsibility Reporting in China: Symbol or Substance? ［J］. Organization Science, 2013, 25 (1): 127-148.

［125］ Mathews J A. Competitive Advantages of the Latecomer Firm: A Resource-based Account of Industrial Catch-up Strategies ［J］. Asia Pacific Journal of Management, 2002, 19 (4): 467-488.

［126］ Mathews J A. Dragon Multinationals: New Players in 21st Century Globalization ［J］. Asia Pacific Journal of Management, 2006, 23 (1): 5-27.

［127］ McCarthy K J, Dolfsma W, Weitzel U. The First Global Merger Wave and the Enigma of Chinese Performance ［J］. Management and Organization Review, 2016, 12 (2): 221-248.

［128］ Meyer J W, Rowan B. Institutionalized Organizations: Formal Structure As Myth and Ceremony ［J］. American Journal of Sociology, 1977, 83 (2): 340-363.

［129］ Meyer K E, Ding Y, Li J, et al. Overcoming Distrust: How State-owned Enterprises Adapt Their Foreign Entries to Institutional Pressures Abroad ［J］. Journal of International Business Studies, 2014, 45 (8): 1005-1028.

［130］ Meyer K E, Estrin S, Bhaumik S K, et al. Institutions, Resources, and Entry Strategies in Emerging Economies ［J］. Strategic Management Journal, 2009, 30 (1): 61-80.

［131］ Meyer K E, Peng M W. Probing Theoretically Into Central and Eastern Europe: Transactions, Resources, and Institutions ［J］. Journal of International Business Studies, 2005, 36 (6): 600-621.

［132］ Meyer K E, Thaijongrak O. The Dynamics of Emerging Economy MNEs: How the Internationalization Process Model Can Guide Future Research ［J］. Asia Pacific Journal of Management, 2013, 30 (4): 1125-1153.

［133］ Mezias J M. How to Identify Liabilities of Foreignness and Assess Their Effects on Multinational Corporations ［J］. Journal of International Management, 2002, 8 (3): 265-282.

［134］ Morck R, Yeung B, Zhao M. Perspectives on China's Outward Foreign

Direct Investment [J]. Journal of International Business Studies, 2008, 39 (3): 337-350.

[135] Mu Q, Lee K. Knowledge Diffusion, Market Segmentation and Technological Catch-up: The Case of the Telecommunication Industry in China [J]. Research Policy, 2005, 34 (6): 759-783.

[136] Nahapiet J, Ghoshal S. Social Capital, Intellectual Capital, and the Organizational Advantage [J]. Academy of Management Review, 1998, 23 (2): 242-266.

[137] Narula R, Dunning J H. Industrial Development, Globalization and Multinational Enterprises: New Realities for Developing Countries [J]. Oxford Development Studies, 2000, 28 (2): 141-167.

[138] Nee V. Organizational Dynamics of Market Transition: Hybrid Forms, Property Rights, and Mixed Economy in China [J]. Administrative Science Quarterly, 1992, 37 (1) : 1-27.

[139] Nelson R R. National Innovation Systems: A Comparative Analysis [M]. Oxford University Press, 1993.

[140] North D C. Institutions, Institutional Change, and Economic Performance [M]. Cambridge: Cambridge University Press, 1990.

[141] Oliver C. Strategic Responses to Institutional Processes [J]. Academy of Management Review, 1991, 16 (1): 145-179.

[142] Oliver C. Sustainable Competitive Advantage: Combining Institutional and Resource-based Views [J]. Strategic Management Journal, 1997, 18 (9): 697-713.

[143] Osborn R N, Baughn C C. Forms of Interorganizational Governance for Multinational Alliances [J]. Academy of Management Journal, 1990, 33 (3): 503-519.

[144] Owens M, Palmer M, Zueva-Owens A. Institutional Forces in Adoption of International Joint Ventures: Empirical Evidence from British Retail Multinationals [J]. International Business Review, 2013, 22 (5): 883-893.

[145] Palich L E, Cardinal L B, Miller C C. Curvilinearity in the Diversification-performance Linkage: An Examination of Over Three Decades of Research [J]. Strategic Management Journal, 2000, 21 (2): 155-174.

[146] Parsons T. Suggestions for A Sociological Approach to the Theory of Organi-

zations. I [J]. Administrative Science Quarterly, 1956, 1 (1): 63-85.

[147] Peng M W, Luo Y. Managerial Ties and Firm Performance in A Transition Economy: The Nature of A Micro-macro Link [J]. Academy of Management Journal, 2000, 43 (3): 486-501.

[148] Peng M W, Wang D Y L, Jiang Y. An Institution-based View of International Business Strategy: A Focus on Emerging Economies [J]. Journal of International Business Studies, 2008, 39 (5): 920-936.

[149] Peng M W. Perspectives-from China Strategy to Global Strategy [J]. Asia Pacific Journal of Management, 2005, 22 (2): 123-141.

[150] Peng M W. The Global Strategy of Emerging Multinationals from China [J]. Global Strategy Journal, 2012, 2 (2): 97-107.

[151] Perez C, Soete L. Catching up in Technology: Entry Barriers and Windows of Opportunity in Technical Change and Economic Theory [M]. New York: Pinter Publishers, 1988.

[152] Perrow C. Organizational Prestige: Some Functions and Dysfunctions [J]. American Journal of Sociology, 1961, 66 (4): 335-341.

[153] Piperopoulos Liu X, Xiao W, Huang X. Bounded Entrepreneurship and Internationalisation of Indigenous Chinese Private-owned Firms [J]. International Business Review, 2008, 17 (4): 488-508.

[154] Piperopoulos P, Wu J, Wang C. Outward FDI, Location Choices and Innovation Performance of Emerging Market Enterprises [J]. Research Policy, 2018, 47 (1): 232-240.

[155] Ponte S, Kelling I, Jespersen K S, et al. The Blue Revolution in Asia: Upgrading and Governance in Aquaculture Value Chains [J]. World Development, 2014 (64): 52-64.

[156] Porter M E, Stern S. Location Matters [J]. Sloan Management Review, 2001, 42 (4): 28-36.

[157] Potterie B P, Lichtenberg F. Does Foreign Direct Investment Transfer Technology Across Borders? [J]. Review of Economics and Statistics, 2001, 83 (3): 490-497.

[158] Rabbiosi L, Elia S, Bertoni F. Acquisitions by EMNCs in Developed Markets [J]. Management International Review, 2012, 52 (2): 193-212.

[159] Rabbiosi L. Subsidiary Roles and Reverse Knowledge Transfer: An Investigation of the Effects of Coordination Mechanisms [J]. Journal of International Management, 2011, 17 (2): 97-113.

[160] Ramachandran J, Pant A. The Liabilities of Origin: An Emerging Economy Perspective on the Costs of Doing Business Abroad [J]. Advances in International Management, 2010 (23): 231-265.

[161] Rosenzweig P M, Singh J V. Organizational Environments and the Multinational Enterprise [J]. Academy of Management Review, 1991, 16 (2): 340-361.

[162] Rotting D, Reus T. Institutional Distance, Organizational Legitimacy, and the Performance of Foreign Acquisitions in the United States [C]//Academy of Management Annual Meeting Proceedings [J]. Academy of Management, 2009 (1): 1-6.

[163] Rugman A M, Nguyen Q T K, Wei Z. Rethinking the Literature on the Performance of Chinese Multinational Enterprises [J]. Management and Organization Review, 2016, 12 (2): 269-302.

[164] Rui H, Yip G S. Foreign Acquisitions by Chinese Firms: A Strategic Intent Perspective [J]. Journal of World Business, 2008, 43 (2): 213-226.

[165] Salomon R, Jin B. Do Leading or Lagging Firms Learn More from Exporting? [J]. Strategic Management Journal, 2010, 31 (10): 1088-1113.

[166] Salomon R, Wu Z. Institutional Distance and Local Isomorphism Strategy [J]. Journal of International Business Studies, 2012, 43 (4): 343-367.

[167] Sanyal R N, Guvenli T. Relations Between Multinational Firms and Host Governments: The Experience of American-owned Firms in China [J]. International Business Review, 2000, 9 (1): 119-134.

[168] Schmidt T, Sofka W. Liability of Foreignness As A Barrier to Knowledge Spillovers: Lost in Translation? [J]. Journal of International Management, 2009, 15 (4): 460-474.

[169] Schwens C, Eiche J, Kabst R. The Moderating Impact of Informal Institu-

tional Distance and Formal Institutional Risk on SME Entry Mode Choice [J]. Journal of Management Studies, 2011, 48 (2): 330-351.

[170] Scott W R, Ruef M, Mendel P J, et al. Institutional Change and Health-care Organizations: From Professional Dominance to Managed Care [M]. Chicago: University of Chicago Press, 2000.

[171] Scott W R. Institutions and Organizations [M]. 1st ed. Thousand Oaks: Sage Publications, 1995.

[172] Shaner J, Maznevski M. The Relationship Between Networks, Institutional Development, and Performance in Foreign Investments [J]. Strategic Management Journal, 2011, 32 (5): 556-568.

[173] Shimizu K, Hitt M A, Vaidyanath D, et al. Theoretical Foundations of Cross-border Mergers and Acquisitions: A Review of Current Research and Recommendations for the Future [J]. Journal of International Management, 2004, 10 (3): 307-353.

[174] Singh J V, Tucker D J, House R J. Organizational Legitimacy and the Liability of Newness [J]. Administrative Science Quarterly, 1986, 31 (2): 171-193.

[175] Sinha P, Daellenbach U, Bednarek R. Legitimacy Defense During Post-merger Integration: Between Coupling and Compartmentalization [J]. Strategic Organization, 2015, 13 (3): 169-199.

[176] Sinkovics R R, Zagelmeyer S, Kusstatscher V. Between Merger and Syndrome: The Intermediary Role of Emotions in Four Cross-border M&As [J]. International Business Review, 2011, 20 (1): 27-47.

[177] Spencer J W. The Impact of Multinational Enterprise Strategy on Indigenous Enterprises: Horizontal Spillovers and Crowding Out in Developing Countries [J]. Academy of Management Review, 2008, 33 (2): 341-361.

[178] Srivastava M K, Gnyawali D R. When Do Relational Resources Matter? Leveraging Portfolio Technological Resources for Breakthrough Innovation [J]. Academy of Management Journal, 2011, 54 (4): 797-810.

[179] Stevens C E, Xie E, Peng M W. Toward A Legitimacy-based View of Po-

litical Risk: The Case of Google and Yahoo in China [J]. Strategic Management Journal, 2016, 37 (5): 945-963.

[180] Strauss A, Corbin J. Basics of Qualitative Research Techniques [M]. Thousand Oaks, CA: Sage Publications, 1998.

[181] Suchman M C. Managing Legitimacy: Strategic and Institutional Approaches [J]. Academy of Management Review, 1995, 20 (3): 571-610.

[182] Suddaby R, Bitektine A, Haack P. Legitimacy [J]. Academy of Management Annals, 2017, 11 (1): 451-478.

[183] Suddaby R, Greenwood R. Rhetorical Strategies of Legitimacy [J]. Administrative Science Quarterly, 2005, 50 (1): 35-67.

[184] Sun S L, Peng M W, Ren B, et al. A Comparative Ownership Advantage Framework for Cross-border M&As: The Rise of Chinese and Indian MNEs [J]. Journal of World Business, 2012, 47 (1): 4-16.

[185] Sun Y, Cao C. The Evolving Relations Between Government Agencies of Innovation Policymaking in Emerging Economies: A Policy Network Approach and Its Spplication to the Chinese Case [J]. Research Policy, 2018, 47 (3): 592-605.

[186] Tallman S, Chacar A S. Knowledge Accumulation and Dissemination in MNEs: A Practice-based Framework [J]. Journal of Management Studies, 2011, 48 (2): 278-304.

[187] Tan J, Tan D. Environment-strategy Co-evolution and Co-alignment: A Staged Model of Chinese SOEs Under Transition [J]. Strategic Management Journal, 2005, 26 (2): 141-157.

[188] Tan J. Impact of Ownership Type on Environment-strategy Linkage and Performance: Evidence from A Transitional Economy [J]. Journal of Management Studies, 2002, 39 (3): 333-354.

[189] Tan J. Institutional Structure and Firm Social Performance in Transitional Economies: Evidence of Multinational Corporations in China [J]. Journal of Business Ethics, 2009, 86 (2): 171.

[190] Tang J, Rowe W G. The Liability of Closeness: Business Relatedness and Foreign Subsidiary Performance [J]. Journal of World Business, 2012, 47 (2):

288-296.

［191］ Teece D J, Pisano G, Shuen A. Dynamic Capabilities and Strategic Management ［J］. Strategic Management Journal, 1997, 18 (7): 509-533.

［192］ Tihanyi L, Griffith D A, Russell C J. The Effect of Cultural Distance on Entry Mode Choice, International Diversification, and MNE Performance: A Meta-analysis ［J］. Journal of International Business Studies, 2005, 36 (3): 270-283.

［193］ Tost L P. An Integrative Model of Legitimacy Judgments ［J］. Academy of Management Review, 2011, 36 (4): 686-710.

［194］ Tsang E W K. In Search of Legitimacy: The Private Entrepreneur in China ［J］. Entrepreneurship Theory and Practice, 1996, 21 (1): 21-30.

［195］ Vaara E, Monin P. A Recursive Perspective on Discursive Legitimation and Organizational Action in Mergers and Acquisitions ［J］. Organization Science, 2010, 21 (1): 3-22.

［196］ Vaara E, Tienari J. On the Narrative Construction of Multinational Corporations: An Antenarrative Analysis of Legitimation and Resistance in A Cross-border Merger ［J］. Organization Science, 2011, 22 (2): 370-390.

［197］ Vaara E. Post-acquisition Integration As Sensemaking: Glimpses of Ambiguity, Confusion, Hypocrisy, and Politicization ［J］. Journal of Management Studies, 2003, 40 (4): 859-894.

［198］ Vahlne J E, Ivarsson I, Johanson J. The Tortuous Road to Globalization for Volvo's Heavy Truck Business: Extending the Scope of the Uppsala Model ［J］. International Business Review, 2011, 20 (1): 1-14.

［199］ Vahlne J E, Johanson J. from Internationalization to Evolution: The Uppsala Model at 40 Years ［J］. Journal of International Business Studies, 2017, 48 (9): 1087-1102.

［200］ Vuori T O, Huy Q N. Distributed Attention and Shared Emotions in the Innovation Process: How Nokia Lost the Smartphone Battle ［J］. Administrative Science Quarterly, 2016, 61 (1): 9-51.

［201］ Wang C, Hong J, Kafouros M, et al. Exploring the Role of Government Involvement in Outward FDI from Emerging Economies ［J］. Journal of International

Business Studies, 2012, 43 (7): 655-676.

[202] Wang J. Innovation and Government Intervention: A Comparison of Singapore and Hong Kong [J]. Research Policy, 2018, 47 (2): 399-412.

[203] Weber M, Roth G, Wittich C. Economy and Society: An Outline of Interpretive Sociology [M]. Berkeley: University of California Press, 1924.

[204] Wei Y, Liu B, Liu X. Entry Modes of Foreign Direct Investment in China: A Multinomial Logit Approach [J]. Journal of Business Research, 2005, 58 (11): 1495-1505.

[205] Weick K E. Theory Construction As Disciplined Imagination [J]. Academy of Management Review, 1989, 14 (4): 516-531.

[206] Welch C, Piekkari R, Plakoyiannaki E, et al. Theorising from Case Studies: Towards A Pluralist Future for International Business Research [J]. Journal of International Business Studies, 2011, 42 (5): 740-762.

[207] Welch L S, Luostarinen R K. Inward-outward Connections in Internationalization [J]. Journal of International Marketing, 1993, 1 (1): 44-56.

[208] Williamson O E. The New Institutional Economics: Taking Stock, Looking Ahead [J]. Journal of Economic Literature, 2000, 38 (3): 595-613.

[209] Wright M, Filatotchev I, Hoskisson R E, et al. Strategy Research in Emerging Economies: Challenging the Conventional Wisdom [J]. Journal of Management Studies, 2005, 42 (1): 1-33.

[210] Wu F, Sinkovics R R, Cavusgil S T, et al. Overcoming Export Manufacturers' Dilemma in International Expansion [J]. Journal of International Business Studies, 2007, 38 (2): 283-302.

[211] Wu H, Chen J, Liu Y. The Impact of OFDI on Firm Innovation in An Emerging Country [J]. International Journal of Technology Management, 2017, 74 (1/2/3/4): 167-184.

[212] Wu J, Chen X. Home Country Institutional Environments and Foreign Expansion of Emerging Market Firms [J]. International Business Review, 2014, 23 (5): 862-872.

[213] Wu L Y. Applicability of the Resource-based and Dynamic-capability

Views Under Environmental Volatility [J]. Journal of Business Research, 2010, 63 (1): 27-31.

[214] Xia J, Tan J, Tan D. Mimetic Entry and Bandwagon Effect: The Rise and Decline of International Equity Joint Venture in China [J]. Strategic Management Journal, 2008, 29 (2): 195-217.

[215] Xie E, Reddy K S, Liang J. Country-specific Determinants of Cross-border Mergers and Acquisitions: A Comprehensive Review and Future Research Directions [J]. Journal of World Business, 2017, 52 (2): 127-183.

[216] Xie Z, Li J. Exporting and Innovating Among Emerging Market Firms: The Moderating Role of Institutional Development [J]. Journal of International Business Studies, 2018, 49 (2): 222-245.

[217] Xu D, Meyer K E. Linking Theory and Context: "Strategy Research in Emerging Economies" After Wright et al. (2005) [J]. Journal of Management Studies, 2013, 50 (7): 1322-1346.

[218] Xu D, Pan Y, Beamish P W. The Effect of Regulative and Normative Distances on MNE Ownership and Expatriate Strategies [J]. Management International Review, 2004, 44 (3): 285-307.

[219] Xu D, Shenkar O. Note: Institutional Distance and the Multinational Enterprise [J]. Academy of Management Review, 2002, 27 (4): 608-618.

[220] Yamakawa Y, Peng M W, Deeds D L. What Drives New Ventures to Internationalize from Emerging to Developed Economies? [J]. Entrepreneurship Theory and Practice, 2008, 32 (1): 59-82.

[221] Yang Q, Mudambi R, Meyer K E. Conventional and Reverse Knowledge Flows in Multinational Corporations [J]. Journal of Management, 2008, 34 (5): 882-902.

[222] Yin R K. Case Study Research and Applications: Design and Methods [M]. Sage Publications, 2014.

[223] Yiu D, Makino S. The Choice Between Joint Venture and Wholly Owned Subsidiary: An Institutional Perspective [J]. Organization Science, 2002, 13 (6): 667-683.

[224] Yu Y, Umashankar N, Rao V R. Choosing the Right Target: Relative Preferences for Resource Similarity and Complementarity in Acquisition Choice [J]. Strategic Management Journal, 2016, 37 (8): 1808–1825.

[225] Zaheer S. Overcoming the Liability of Foreignness [J]. Academy of Management Journal, 1995, 38 (2): 341–363.

[226] Zahra S A, Ireland R D, Hitt M A. International Expansion by New Venture Firms: International Diversity, Mode of Market Entry, Technological Learning, and Performance [J]. Academy of Management Journal, 2000, 43 (5): 925–950.

[227] Zhang C, Tan J, Tan D. Fit by Adaptation or Fit by Founding? A Comparative Study of Existing and New Entrepreneurial Cohorts in China [J]. Strategic Management Journal, 2016, 37 (5): 911–931.

[228] Zhang J, Ebbers H. Why Half of China's Overseas Acquisitions Could Not be Completed [J]. Journal of Current Chinese Affairs, 2010, 39 (2): 101–131.

[229] Zhang Y, Li H, Hitt M A, et al. R&D Intensity and International Joint Venture Performance in An Emerging Market: Moderating Effects of Market Focus and Ownership Structure [J]. Journal of International Business Studies, 2007, 38 (6): 944–960.

[230] Zhang Y, Li H. Innovation Search of New Ventures in A Technology Cluster: The Role of Ties with Service Intermediaries [J]. Strategic Management Journal, 2010, 31 (1): 88–109.

[231] Zimmerman M A, Zeitz G J. Beyond Survival: Achieving New Venture Growth by Building Legitimacy [J]. Academy of Management Review, 2002, 27 (3): 414–431.

[232] Zucker L G. The Role of Institutionalization in Cultural Persistence [J]. American Sociological Review, 1977, 42 (5): 726–743.

[233] 蔡莉, 单标安. 中国情境下的创业研究: 回顾与展望 [J]. 管理世界, 2013 (12): 160–169.

[234] 蔡新蕾, 高山行, 杨燕. 企业政治行为对原始性创新的影响研究——基于制度视角和资源依赖理论 [J]. 科学学研究, 2013, 31 (2): 276–285.

[235] 曹红军, 赵剑波, 王以华. 动态能力的维度: 基于中国企业的实证研

究〔J〕. 科学学研究, 2009, 27 (1): 36-44.

〔236〕陈怀超, 范建红, 牛冲槐. 基于制度距离的中国跨国公司进入战略选择: 合资还是独资?〔J〕. 管理评论, 2013, 25 (12): 98-111.

〔237〕陈怀超, 范建红. 制度距离, 中国跨国公司进入战略与国际化绩效: 基于组织合法性视角〔J〕. 南开经济研究, 2014 (2): 99-117.

〔238〕陈岩. 中国对外投资逆向技术溢出效应实证研究: 基于吸收能力的分析视角〔J〕. 中国软科学, 2011 (10): 61-72.

〔239〕程聪, 谢洪明, 池仁勇. 中国企业跨国并购的组织合法性聚焦: 内部, 外部, 还是内部+外部?〔J〕. 管理世界, 2017 (4): 158-173.

〔240〕邓新明, 熊会兵, 李剑峰, 等. 政治关联、国际化战略与企业价值——来自中国民营上市公司面板数据的分析〔J〕. 南开管理评论, 2014, 17 (1): 26-43.

〔241〕杜龙政, 林润辉. 对外直接投资、逆向技术溢出与省域创新能力——基于中国省际面板数据的门槛回归分析〔J〕. 中国软科学, 2018 (1): 149-162.

〔242〕杜运周, 张玉利. 顾客授权与新企业合法性关系实证研究〔J〕. 管理学报, 2012, 9 (5): 735-741.

〔243〕郭海, 沈睿, 王栋晗, 陈叙同. 组织合法性对企业成长的"双刃剑"效应研究〔J〕. 南开管理评论, 2018, 21 (5): 16-29.

〔244〕黄中伟, 王宇露. 位置嵌入, 社会资本与海外子公司的东道国网络学习——基于123家跨国公司在华子公司的实证〔J〕. 中国工业经济, 2008 (12): 144-154.

〔245〕蓝海林, 李铁瑛, 王成. 中国企业战略管理行为的情景嵌入式研究〔J〕. 管理学报, 2009, 6 (1): 78.

〔246〕乐琦, 蓝海林. 并购后控制与并购绩效的关系研究基于合法性的调节效应〔J〕. 管理学报, 2012, 9 (2): 225-32.

〔247〕乐琦. 并购后高管变更, 合法性与并购绩效——基于制度理论的视角〔J〕. 管理工程学报, 2012, 26 (3): 15-21.

〔248〕乐琦. 基于合法性视角的并购后控制与并购绩效关系的实证研究〔D〕. 华南理工大学硕士学位论文, 2010.

〔249〕李京勋, 鱼文英, 石庆华. 管理者关系特性对海外子公司知识获取及

公司绩效的影响研究［J］. 管理学报, 2012, 9 (1): 115-123.

［250］李娟, 唐珮菡, 万璐, 等. 对外直接投资、逆向技术溢出与创新能力——基于省级面板数据的实证分析［J］. 世界经济研究, 2017 (4): 59-71.

［251］李康宏, 林润辉, 宋泾溧, 谢宗晓. 制度落差与中国跨国企业海外进入模式关系研究［J］. 运筹与管理, 2017, 26 (12): 189-199.

［252］李梅, 柳士昌. 对外直接投资逆向技术溢出的地区差异和门槛效应——基于中国省际面板数据的门槛回归分析［J］. 管理世界, 2012 (1): 21-32.

［253］李梅, 余天骄. 研发国际化是否促进了企业创新——基于中国信息技术企业的经验研究［J］. 管理世界, 2016 (11): 125-140.

［254］李梅, 袁小艺, 张易. 制度环境与对外直接投资逆向技术溢出［J］. 世界经济研究, 2014 (2): 61-66.

［255］李梅. 国际 R&D 溢出与中国技术进步——基于 FDI 和 OFDI 传导机制的实证研究［J］. 科研管理, 2012, 33 (4): 86-92.

［256］林润辉, 李娅, 李康宏, 等. 政治关联、制度环境与中国新上市企业的市场表现: 基于中国境内外上市公司的比较［J］. 预测, 2016, 35 (2): 1-8.

［257］林润辉, 周常宝, 李康宏, 等. 技术追赶过程中后发企业创新能力的构建——基于中国西电集团公司的案例研究［J］. 研究与发展管理, 2016, 28 (1): 40-51.

［258］林毅夫, 张军, 王勇等. 产业政策: 总结、反思与展望［M］. 北京: 北京大学出版社, 2018.

［259］刘娟. 跨国企业在东道国市场的"合法化": 研究述评与展望［J］. 外国经济与管理, 2016, 38 (3): 99-112.

［260］刘云, Wang G G. 基于评价者视角的组织合法性研究: 合法性判断［J］. 外国经济与管理, 2017, 39 (5): 73-84.

［261］刘志彪, 张杰. 全球代工体系下发展中国家俘获型网络的形成, 突破与对策——基于 GVC 与 NVC 的比较视角［J］. 中国工业经济, 2007 (5): 39-47.

［262］陆园园, 谭劲松, 薛红志. "引进—模仿—改进—创新"模型与韩国企业技术学习的演进过程［J］. 南开管理评论, 2006, 9 (5): 74-82.

［263］彭伟，顾汉杰，符正平．联盟网络、组织合法性与新创企业成长关系研究［J］．管理学报，2013，10（12）：1760-1769．

［264］沙文兵．对外直接投资、逆向技术溢出与国内创新能力——基于中国省际面板数据的实证研究［J］．世界经济研究，2012（3）：69-74．

［265］苏敬勤，张雁鸣，林菁菁．中国企业进入新兴场域的"赶下车"式合法化策略及其构建机制研究［J］．科学学与科学技术管理，2019，40（5）：70-86．

［266］谭劲松．关于管理研究及其理论和方法的讨论［J］．管理科学学报，2008，11（2）：145-152．

［267］汪建成，毛蕴诗，邱楠．由 OEM 到 ODM 再到 OBM 的自主创新与国际化路径——格兰仕技术能力构建与企业升级案例研究［J］．管理世界，2008（6）：148-155．

［268］汪建成，毛蕴诗．从 OEM 到 ODM、OBM 的企业升级路径——基于海鸥卫浴与成霖股份的比较案例研究［J］．中国工业经济，2007（12）：110-116．

［269］王铁民，周捷．跨国经营海外子公司业务发展中企业的战略选择——辉瑞制药中国公司在华生产范围发展路径（1993-2002 年）的启示［J］．管理世界，2005（10）：123-138．

［270］卫武．中国环境下企业政治资源、政治策略和政治绩效及其关系研究［J］．管理世界，2006（2）：95-109．

［271］魏江，王诗翔．从"反应"到"前摄"：万向在美国的合法性战略演化（1994~2015）［J］．管理世界，2017（8）：136-153．

［272］魏江，应瑛，刘洋．研发网络分散化、组织学习顺序与创新绩效：比较案例研究［J］．管理世界，2014（2）：137-151．

［273］魏江，赵齐禹．规制合法性溢出和企业政治战略——基于华为公司的案例研究［J］．科学学研究，2019，37（4）：651-663．

［274］吴先明，高厚宾，邵福泽．当后发企业接近技术创新的前沿：国际化的"跳板作用"［J］．管理评论，2018，30（6）：40-54．

［275］吴先明，胡博文．对外直接投资与后发企业技术追赶［J］．科学学研究，2017，35（10）：1546-1556．

［276］吴先明，张雨．海外并购提升了产业技术创新绩效吗——制度距离的

双重调节作用 [J]. 南开管理评论, 2019, 22 (1): 4-16.

[277] 谢红军, 吕雪. 负责任的国际投资: ESG 与中国 OFDI [J]. 经济研究, 2022, 57 (3): 83-99.

[278] 薛求知, 侯仕军. 海外子公司定位研究: 从总部视角到子公司视角 [J]. 南开管理评论, 2005, 8 (4): 60-66.

[279] 薛求知, 李倩倩. 中国跨国公司合法化进程研究 [J]. 世界经济研究, 2011 (3): 63-68.

[280] 薛有志, 刘鑫. 国外制度距离研究现状探祈与未来展望 [J]. 外国经济与管理, 2013, 35 (3): 28-36.

[281] 阎大颖, 洪俊杰, 任兵. 中国企业对外直接投资的决定因素: 基于制度视角的经验分析 [J]. 南开管理评论, 2009, 12 (6): 135-142.

[282] 杨洋, 魏江, 王诗翔. 内外部合法性平衡: 全球研发的海外进入模式选择 [J]. 科学学研究, 2017, 35 (1): 73-84.

[283] 袁建国, 后青松, 程晨. 企业政治资源的诅咒效应——基于政治关联与企业技术创新的考察 [J]. 管理世界, 2015 (1): 139-155.

[284] 张化尧, 吴梦园, 陈晓玲. 资源互补与国际化中的合法性获取——基于跨国战略联盟的混合研究 [J]. 科学学研究, 2018, 36 (3): 513-520.

[285] 张建君, 张志学. 中国民营企业家的政治战略 [J]. 管理世界, 2005 (7): 94-105.

[286] 张军, 金煜. 中国的金融深化和生产率关系的再检测: 1987-2001 [J]. 经济研究, 2005 (11): 34-45.

[287] 赵伟, 古广东, 何元庆. 外向 FDI 与中国技术进步: 机理分析与尝试性实证 [J]. 管理世界, 2006 (7): 53-60.

[288] 周长辉. 中国企业战略变革过程研究: 五矿经验及一般启示 [J]. 管理世界, 2005 (12): 123-136.

[289] 卓越, 张珉. 全球价值链中的收益分配与"悲惨增长"——基于中国纺织服装业的分析 [J]. 中国工业经济, 2008 (7): 131-140.

[290] 宗芳宇, 路江涌, 武常岐. 双边投资协定, 制度环境和企业对外直接投资区位选择 [J]. 经济研究, 2012 (5): 71-82.

附　录

跨国并购中的东道国合法性与创新资源获取

尊敬的受访者：

您好，感谢在百忙之中进行本问卷的填写！

本问卷内容不包含个人信息，采用匿名填写的方式，所得数据仅用于科研工作，填写时请不要有任何顾虑，问卷填写的真实性和准确性对研究数据的分析至关重要，请您根据所在企业的实际情况认真作答。

感谢您的配合与支持！祝您工作顺利，身体健康！

第一部分　有效问卷筛选题

1. 贵公司在过去经营过程中是否实施过跨国并购活动或通过其他对外投资活动在海外拥有子公司［单选题］*

（1）通过并购活动获得海外子公司（跳到第 2 题作答）

（2）通过其他对外投资活动在海外拥有子公司（跳到第 3 题作答）

（3）没有相关业务（结束回答）

2. 以其中一项并购活动为例，您对贵公司的并购活动及海外子公司是否熟悉

（1）熟悉（跳到第 4 题作答）

（2）不熟悉（结束回答）

3. 以其中某一个海外子公司为例，您对海外子公司相关事物是否熟悉

（1）熟悉（跳到第 12 题作答）

（2）不熟悉（结束回答）

第二部分　跨国公司在东道国并购活动的合法性

外部合法性	非常不认可				非常认可		
4. 东道国政府对贵公司该项并购活动的认可程度	1	2	3	4	5	6	7
5. 东道国主要供应商对贵公司该项并购活动的认可程度	1	2	3	4	5	6	7
6. 东道国主要客户对该项并购活动的认可程度	1	2	3	4	5	6	7
7. 东道国社会公众对贵公司该项并购活动的认可程度（如当地媒体的态度和反应等）	1	2	3	4	5	6	7
8. 东道国重要的社会团体和机构对贵公司实施的该项并购活动的认可程度（例如，当地工会组织、行业协会、环保组织、非政府部门等）	1	2	3	4	5	6	7
内部合法性	非常不认可				非常认可		
9. 被并购企业股东及其他投资者对该项并购活动的认可程度	1	2	3	4	5	6	7
10. 被并购企业的高层管理人员对该项并购活动的认可程度	1	2	3	4	5	6	7
11. 被并购企业的普通员工对该项并购活动的认可程度	1	2	3	4	5	6	7

第三部分　跨国公司海外子公司合法性

外部合法性	非常不认可				非常认可		
12. 东道国政府对贵公司海外子公司的认可程度	1	2	3	4	5	6	7
13. 东道国主要供应商对贵公司海外子公司的认可程度	1	2	3	4	5	6	7
14. 东道国主要客户对贵公司海外子公司的认可程度	1	2	3	4	5	6	7
15. 东道国社会公众对贵公司海外子公司的认可程度（如当地媒体的态度和反应）	1	2	3	4	5	6	7
16. 东道国重要的社会团体和机构对贵公司海外子公司的认可程度（例如，当地工会组织、行业协会、环保组织、非政府部门等）	1	2	3	4	5	6	7
内部合法性							
17. 贵公司母公司对海外子公司的认可程度	1	2	3	4	5	6	7
18. 贵公司其他分公司对海外子公司的认可程度	1	2	3	4	5	6	7
19. 贵公司其他子公司对海外子公司的认可程度	1	2	3	4	5	6	7

第四部分　跨国公司海外创新资源获取

	完全不符合				完全符合		
20. 该项投资完成后，我公司能够通过更多的渠道接触并获得东道国的创新资源	1	2	3	4	5	6	7
21. 该项投资完成后，我公司能够在东道国获得更多的创新资源	1	2	3	4	5	6	7
22. 该项投资完成后，我公司能够在东道国获得更高质量的创新资源	1	2	3	4	5	6	7
23. 该项投资完成后，我公司能够以更低的成本获得东道国的创新资源	1	2	3	4	5	6	7

第五部分　企业及个人基本信息

24. 所拥有的海外子公司所在国是［填空题］*

25. 贵公司拥有海外子公司是在哪一年［填空题］*

	非常低				非常高		
26. 贵公司对海外子公司对持股比例	1	2	3	4	5	6	7
资源相似性	完全不符合				完全符合		
27. 我们公司与对方公司在产品上具有相似的属性	1	2	3	4	5	6	7
28. 我们公司与对方公司具有相似的目标市场	1	2	3	4	5	6	7
29. 我们公司与对方公司在所应用的技术上具有相似性	1	2	3	4	5	6	7

30. 请问您在贵公司中的职位是［单选题］*

（1）基层管理者

（2）中层管理者

（3）高层管理者

31. 贵公司企业类型［单选题］*

（1）国有企业

（2）民营企业

32. 贵公司所属行业［单选题］*

（1）传统制造业

（2）生产性服务业

（3）高科技产业

33. 贵公司的企业规模［单选题］*

（1）50 人以下

（2）50~100 人

（3）101~300 人

（4）301~500 人

（5）501 人及以上

34. 贵公司企业年龄［单选题］*

（1）5 年以下

（2）5~10 年

（3）11~20 年

（4）21 年及以上